180°
Wenn die Gesellschaft zum Richter wird

BoD™
BOOKS on DEMAND

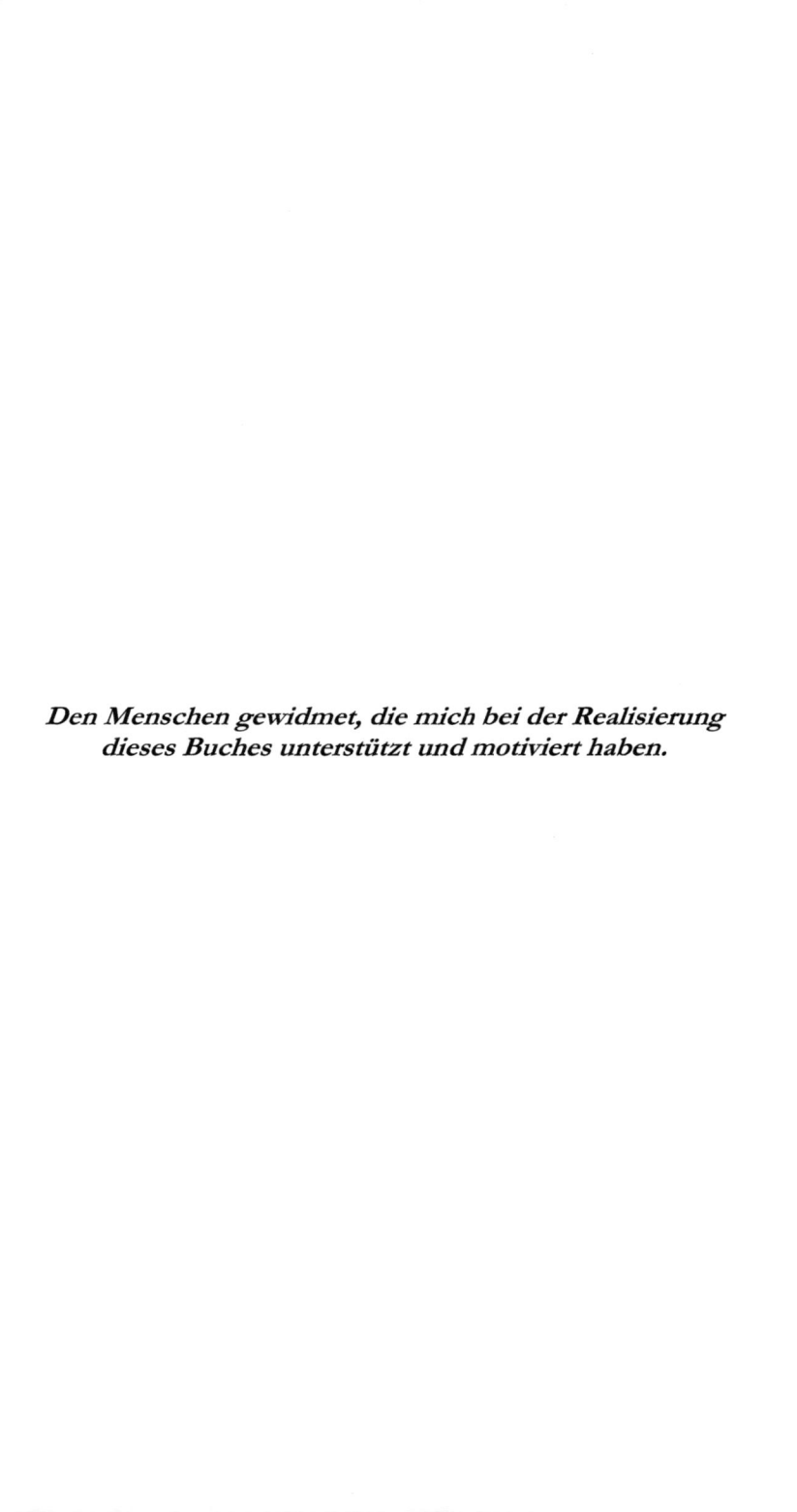

Den Menschen gewidmet, die mich bei der Realisierung dieses Buches unterstützt und motiviert haben.

Thomas Spengler

180°
Wenn die Gesellschaft zum Richter wird

Eine Sozialbiografie nach wahren Begebenheiten

Impressum

Bibliografische Information der Deutschen Nationalbibliothek:
Die Deutsche Nationalbibliothek verzeichnet diese Publikation in der Deutschen Nationalbibliografie; detaillierte bibliografische Daten sind im Internet über http://dnb.dnb.de abrufbar.

Illustration: **Pexels, Wikipedia**

Herstellung und Verlag: BoD – Books on Demand, Norderstedt

ISBN: 978-3-7481-7312-0

Vorwort

Gesellschaft – Ein Wort mit vielen Bedeutungen und Hintergründen. Und genau darum geht es. Was ist Gesellschaft und wie beeinflussen wir Menschen genau diese.

Mit diesem Buch wollen wir einen oder mehrere Blicke hinter unsere Gesellschaft werfen. Auch Sie sind Teil dieser Gesellschaft, in welcher wir leben. Alle Eindrücke, Erlebnisse und Beispiele, die Sie hier lesen werden, entspringen wahren Begebenheiten und haben sich tatsächlich zugetragen. Keine Fiktion, keine Phantasie, sondern pure Realität, hautnah erlebt und mancher Leser mag vielleicht den Gedanken mit sich tragen und denken: „So etwas kann doch gar nicht passiert sein."
Jede einzelne Geschichte ist so faszinierend und einzigartig, dass man es kaum für möglich halten kann.

Sie werden eine völlig neue Art an Denkweise erfahren, die sich rund um unsere menschliche Gesellschaft dreht. Wir, die als Gemeinschaft funktionieren und in manchen Situationen unseres Lebens völlig kontrovers reagieren und urteilen, beurteilen, ja sogar verurteilen. Denn dort liegt der Kern dieses Buches.

180° - Wenn die Gesellschaft zum Richter wird.

Ein Buch, das zeigt, wie Menschen psychisch agieren, ohne dar-über nachzudenken, wie verurteilt wird, ohne nachzufragen, wie Meinungen vertreten werden ohne einen Hauch von Skepsis. Das Buch zeigt neben Tatsachenberichten, Dimensionen des menschlichen Gesellschaftsdenkens und -handelns, die auch Ihnen vielleicht fremd vorkommen mag.

Und doch ist jedes Ereignis, jeder Hintergrund, jede Erzählung so real und nah, dass auch Sie es förmlich spüren können, wie un-sere Gesellschaft in Extremsituationen reagieren und handeln kann.

Das Buch erlaubt Ihnen diesen faszinierenden Einblick in den Hintergrund, der so manche Gesellschaftsformen auch sehr kri-tisch begutachtet und durchaus nicht schönreden möchte.
Denn auch hier ist nicht alles Gold was glänzt.

Kommen Sie mit auf eine Reise durch unsere Gesellschaft mit Höhen und Tiefen. Blicken Sie hinter die Kulissen und werden Sie Zeuge von schier unglaublichen Erlebnissen, die schon fast sozial-kritisches Flair versprühen.

Eine Reise, bei der es keine Rückfahrkarte oder Stornierung gibt.

Kapitel 1 - Der Grundbegriff „Gesellschaft"

Bevor wir uns dem eigentlichen Thema widmen, wollen wir in der Geschichte einmal zurückgehen, um den Begriff der Gesellschaft einmal aufzuschlüsseln.

Jeder Mensch spricht heute von Gesellschaft und wenn wir einmal eine ganz direkte Frage stellen, ob überhaupt klar ist, was denn dieses Wort bedeutet, dann kommt ein völlig entsetztes „Aber natürlich weiss ich was Gesellschaft ist." Wie kann auch daran gezweifelt werden?

Dennoch wollen wir uns diesem Begriff, der soviel Bedeutung haben kann, etwas genauer widmen.

Der Begriff allein wird in vielen verschiedenen Bereichen verwendet, wie in der Soziologie, Ethnologie, dem Staats- und Gesellschaftsrecht, sogar in der Wissenschaft und der Pflanzenwelt. Doch wenn wir von Gesellschaft sprechen, dann meinen wir stets den soziologischen und den ethnologischen Sektor.

Hier sei nur kurz angemerkt, dass die Soziologie sich der Erforschung des Sozialverhaltens, sowie das Zusammenleben von Menschen widmet. Während wir bei der Ethnologie vorwiegend die Völkerkunde begutachten.

Der Ethnologe beispielsweise würde uns mitteilen, dass Gesellschaft in seinem Fachbereich eine grosse Gruppe Menschen darstellt, die miteinander verbunden sind durch diverse Faktoren, wie Traditionen, Erfahrungen, Werte, Sprache und ähnlichem. Ganz anders der Soziologe, welcher Gesellschaft so betrachtet, dass dies eine bestimmte Anzahl an Menschen sind, die sozial handeln und miteinander leben, ja sogar interagieren. Dieser Thematik werden wir uns im Nachhinein noch sehr intensiv widmen und Sie werden vermutlich feststellen, dass diese Definitionen, sei es beim Ethnologen oder auch beim Soziologen, in unserer heutigen Gesellschaftswelt nur noch sehr spärlich anzutreffen sind.

Selbstverständlich gibt es Ausnahmen und eine Vielzahl von Menschen, die perfekt in das Bild der beiden Wissenschaftsgruppierungen passen. Doch ebenso finden wir Menschen, die sehr weit weg jeglicher Vorstellungskraft leben, agieren, handeln und interagieren.

Wir Menschen sind eine Spezies, die sich so stark untereinander unterscheidet, wie wir das rein vom Verhalten in keiner anderen Lebensform finden.
Betrachten wir doch einmal die Tierwelt.
Tiere leben nach bestimmten genetisch veranlagten Lebensweisen. Entweder im Rudel oder einzeln, entweder Fleisch- oder Pflanzenfresser, entweder in der Wildnis oder als treuer Begleiter des Menschen.
Haben Sie schon einmal einen betrunkenen Hund gesehen, der die Beherrschung verliert und gewalttätig wird? Ein Hund, der lügt, betrügt, arrogant oder überheblich wirkt?
Und dennoch ist der Hund in der Lage zu kommunizieren, ja sogar zu töten. Doch tötet er aus Leidenschaft, aus Lust oder einfach nur zum Spass? Weil er Freude am Töten hat oder sadistisch veranlagt ist?
Nichts von dem finden wir im Tierreich, doch bei Menschen finden wir all diese Eigenschaften. Hier sei natürlich angemerkt, dass nicht jeder Mensch gleich ist. Und das ist auch gut so.

Wenn wir von dem Wort Gesellschaft sprechen, dann kommt unweigerlich der Gedanke, quasi eine Assoziation mit dem Begriff „Öffentlichkeit". Wir Menschen haben verschiedene Charaktereigenschaften und -züge.
Jede Epoche unserer Evolution hat aus uns Menschen ein Stück mehr Mensch gemacht.
Während wir anfangs uns wie Tiere bewegt, unser Essen gejagt, getötet und verspeist haben; wir sozusagen einfach überlebten, haben wir uns über viele Jahre weiterentwickelt.
Aus soziologischer Sicht hatten wir auch vor Tausenden von Jahren bereits in diesen Anfangszeiten unserer Geschichte eine Art Gesellschaft gegründet.
Wir hausten in Höhlen und man trug lediglich soviel, dass wir nicht frieren mussten.

Wie wir optisch auf unsere Nachbarn wirkten, war uns vermutlich völlig gleichgültig. Wir sprachen auch nicht sonderlich darüber.
In dieser Art von Gesellschaft existierte noch kein Neid, keine Arroganz, keine Wut oder gar Vorurteile, denn der Mensch sass im gleichen Boot.

Durch den Zusammenschluss verschiedener Menschen, auch wenn es nur die Urmenschen waren, erkannten wir, dass es sogar sehr viele Vorteile bringt, wenn wir gemeinsam agieren, gemeinsam handeln und eben auch zusammen miteinander leben.
In dieser Epoche unterschieden wir, also unsere damalige Gesellschaft, uns kaum von der Tierwelt.

Töten um zu überleben. Doch wir entwickelten uns in eine Richtung, bei der wir uns immer wieder selbst sagen, dass wir gelernt haben, unseren Geist zu stärken.

Doch scheinbar liegt es in unserer Natur, in unseren Genen, in unserem tiefsten Inneren, dass wir mit dem was wir besitzen und das, was der Mitmensch besitzt, nicht zufrieden sind. Betrübt schauen wir auf das, was der Nachbar hat und es kommt Neid auf.

Wir Menschen unterscheiden uns in so vielen Facetten, was uns wiederum einzigartig macht, ja fast schon besonders.

So wie wir Menschen uns weiterentwickelt haben, so hat sich auch unsere Gesellschaft verändert.

Doch wer ist das - unsere Gesellschaft?

Sind Sie und Ihr Partner schon eine Gesellschaft oder braucht es dafür noch mehr Menschen?

Kaum wurde das ausgesprochen, hört man unzählige Meinungen, die besagen, dass wir alle doch gemeinsam die Gesellschaft ausmachen. Noch heute sitzen wir, wie damals die Urzeitmenschen, im besagten gleichen Boot.

Wichtige und namhafte Personen, wie Karl Marx oder Friedrich Engels haben in ihren Lehren bereits dargelegt, dass wir Menschen von Neid und Missgunst getrieben werden. Bei einigen Menschen kommt das mehr, bei anderen weniger zum Tragen.

Mit unserer Entwicklung haben wir bedeutend zur Gesellschaftsbildung beigetragen. So wie wir uns verändert haben, so haben wir auch das Gesellschaftsbild verändert.

Denn wir alle sind Teil dieser Gesellschaft. Wir kreieren und formen sie und dennoch fragen sich die Wenigsten, ob das, was wir da formen auch das ist, was wir uns wünschen, was unsere Bedürfnisse stillt.

Oft nehmen wir es einfach hin.

Es gibt Werte, Richtlinien, Verordnungen, Regeln und Gesetze, die ein Gesellschaftsleben ermöglichen sollen. In genau diesem Zuge mag sich der ein oder andere doch an diese bekannte Stelle aus dem US-amerikanischen Spielfilm „Terminator 2" erinnern, in welchem der Cyborg doch sagt, dass wir Menschen dazu geboren sind uns selbst zu vernichten. Nur ein Satz oder ist doch mehr daran?

Die Gesellschaft ist das, was wir heute sehen. Sind wir nicht zufrieden oder sogar gereizt, wird die Schuld oft auf die Gesellschaft gelenkt. Denn „die" sind ja schuld und keiner fragt im Nachhinein: „Wer sind denn die?"

Wir sind es, die Werte und Gesetze, Richtlinien und Verordnungen gestalten und präsentieren, um nach unseren Forschungen und Untersuchungen der Soziologie eine lebenswerte Gesellschaft zu gestalten.

Jeder Mensch ist Teil unserer heutigen Gesellschaft. So einfach wie das klingt, ist es allerdings nicht, denn in dieser grossen Gesellschaft sind soviel Mitglieder, die unterschiedlicher nicht sein können.

Jeder Mensch ist ein Individuum, ein absolutes Einzelstück, weshalb wir uns auch oft schwertun, das richtige Gegenstück zu finden. Teil einer Gesellschaft zu sein ist gar nicht so einfach, denn jeder von uns hat Bedürfnisse, die wir gerne gestillt haben wollen.

Bereits der amerikanische Psychologe Abraham Maslow hat mit seiner bekannten Bedürfnispyramide ganz klar aufgezeigt, dass uns nicht nur die sog. Grundbedürfnisse wie Essen und Schlafen befriedigen.

Mit unserer Entwicklung durch die Evolution sind auch unsere Bedürfnisse gestiegen.

Das macht das Ganze nicht unbedingt leichter. Treten wir vor die Tür, so haben wir, zumindest in den europäischen Ländern, einen gewissen Wohlstand, der es uns erlaubt, viele der Bedürfnisse auch zu stillen.

Wir können an jeder Ecke, in jedem Supermarkt und jedem Laden unsere Bedürfnisse befriedigen und sind wir dann glücklich? Die Entwicklung unserer Gesellschaft hat dazu geführt, dass wir uns oft neuen Zielen widmen. Glaubens- oder Lebenseinstellungen verändern sich. Viele blicken in Richtung des Buddhismus, bei dem Gewalt quasi nicht existent ist. Viele sehen dort eine Art Gesellschaft, in der wir geachtet, geschätzt und respektiert werden.

Das ist es oft, was uns in unserer heutigen Gesellschaft fehlt. Der Respekt und genau diese Achtung unseren Mitmenschen gegenüber.

Wenn Sie beispielsweise in einen Verein eintreten, dann tun Sie dies aus bestimmten Beweggründen. Dort erwarten Sie Menschen, die gleiche Interessen wie Sie selbst pflegen. Sie wollen gemeinsam etwas bewirken, etwas unternehmen, Spass haben, neue Menschen kennenlernen, vielleicht auch die grosse Liebe?

Viele Menschen fühlen sich im Kreis eines Vereins wohl, andere wiederum nehmen lieber Abstand davon.

Ein Verein ist auch eine ganz besondere Form einer Gesellschaft. Sei es nun der Angelsportverein, der Alpenverein oder der Fotografieverein. Jeder Zusammenschluss endet in einer Gemeinschaft, in einer Gesellschaft.

Es steckt ja bereits das Wort „gesellig" darin. Wir sind bestrebt Dinge nicht alleine zu unternehmen, denn wir sind von unserer Natur nicht dazu geboren, allein zu sein oder zu leben. Dies kann sogar das Gefühl von Angst vermitteln.

Doch so wie wir die Gesellschaft heute erleben, entspricht sie nicht unseren Wunschvorstellungen.

Es gibt sogar Menschen, wenn man diese fragt, wie sie morgens zur Arbeit kommen, die antworten: „Natürlich mit dem Auto. Mir missfallen die Art und Weise der Menschen am frühen Morgen."

Ist das weit hergeholt oder warum reagieren manche Menschen so? Oft stelle ich mir die Frage, warum manche Menschen am Morgen so negativ, so lustlos, ja schon fast deprimiert schauen. In den Bussen schaut heute jeder in sein Smartphone, die Zeitung oder einfach nur stur vor sich hin.

Betreten Sie doch eine Strassenbahn einmal mit einem lauten „Einen wunderschönen guten Morgen allerseits".

Wie reagieren Ihre Mitmenschen, wie reagiert die Gesellschaft Ihnen gegenüber? Bevor Sie antworten, bedenken Sie bitte eines: „Sie sind Teil dieser Gesellschaft."

Ein Grossteil wird denken: „Was hat der denn für ein Problem?"

Ist es verwerflich seine Mitmenschen fröhlich zu begrüssen, ist es gesellschaftsfeindlich?

Ein Mancher wird vielleicht denken: „Warum soll ich den grüssen? Den kenn' ich doch gar nicht."

Wir Menschen sind sehr schnell, wenn es um die eigene Ausrede geht. Vielleicht ist doch der Nachbar, der so fröhlich ist, ein ganz netter Mensch.

Doch oft fangen wir bereits am frühen Morgen an, uns eine eigene Meinung über diesen Menschen zu bilden, den wir gerade einmal wenige Sekunden erlebt haben. Wir kritisieren, schaffen eine eigene Meinung, bilden vielleicht auch schon das erste Vorurteil und letztlich verurteilen wir diesen Menschen und packen ihn in eine Schublade, in die er gar nicht passt. Und am Arbeitsplatz geht es dann weiter mit den Worten: „Heute morgen habe ich einen getroffen, der muss was an der Waffel haben. Grüsst der ganz laut. Der hat sie doch nicht alle."

Und schon wird geredet und geredet und jeder glaubt sich nun ein faires Bild von diesem Menschen machen zu können.

Täglich können wir solche oder ähnliche Situationen erleben, wenn wir nur mit etwas offenen Augen durch unsere Gesellschaft spazieren.

Der Gesellschaftsbegriff ist ein solch weitläufiger, dass allein dieser Bücher füllen würde. Mit dem Verhalten mancher Menschen und der Psychologie dahinter wollen wir uns nun näher beschäftigen, denn ich habe über die Jahre viele Menschen kennengelernt, die mir positiv, aber auch negativ entgegengetreten sind.

Menschen, von denen ich gelernt habe und Menschen, auf die ich gerne verzichtet hätte.
Jeder einzelne Mensch, einzigartig in seiner Art, mit völlig unterschiedlichen Charaktereigenschaften, welche ich nicht immer begrüsst habe.

Auf den folgenden Seiten erhalten Sie nun Einblick in eine Welt unserer Gesellschaft, die mit Sicherheit dem Soziologen ebenso wenig gefällt, wie Ihnen selbst.
Am Ende werden Sie sagen: „Das ist ja nicht zu glauben. Was ist aus uns geworden?"
Ein anderer kennt vielleicht eine ähnliche Situation oder hat es auch am eigenen Leib schon erfahren.
Jedes einzelne Erlebnis hat Spuren und Eindrücke hinterlassen und man kommt an einen Punkt, an dem es nicht verwerflich ist, sich Gedanken zur heutigen Gesellschaftsform zu machen.
Wie kann so etwas geschehen?

Zahlreiche Erlebnisse sind dabei, über die man nicht so gerne spricht, die vielleicht auch unangenehm sind, doch sollte man die Augen nicht vor der Wahrheit verschliessen.

Denn die Realität ist nicht rosarot und unsere Gesellschaft urteilt über Menschen im gleichen Gesellschaftskreis ohne, dass es ihnen selbst bewusst wird.

Doch wie sieht es auf der Seite der Betroffenen aus? Wie fühlen diese sich?
Wird hinterfragt oder reicht es einfach aus, wenn ein Freund mir die Geschichte erzählt, die ich kaum glauben kann.

Doch nun wollen wir die Tatsachen sprechen lassen.

Kapitel 2 - Die Wissenschaft die keine ist

W ir schreiben das Jahr 2002. Eine Erfahrung, bei welcher man sich vermutlich zu Beginn überhaupt keine grossen Gedanken macht, wie denn unsere Mitmenschen in unserer Gesellschaft darauf reagieren könnten. Just in diesem Moment beginnt eine komplett neue Ära, die zwar bekannt, aber teilweise unerforschtes Gebiet offenbarte.

Als Jugendlicher habe ich zwar das ein oder andere Mal bereits Bücher zum Thema Okkultismus in den Händen gehabt, teilweise auch begonnen zu lesen, aber die Lustlosigkeit stellte sich doch sehr schnell ein.
Lesen verbreitete doch den Geschmack von Langeweile bei solch vielen Buchstaben ohne Bilder.
Einerseits wollte ich schon erfahren, was Menschen so fasziniert und andererseits machten sich aber die Eltern auch Sorgen, was ich damit denn nun anfangen möchte. Schiefe Bahn, falscher Einfluss und Freunde, die nicht gut für mich sind waren nur einige Erklärungsversuche.
In den 80er Jahren, wie auch heute, ein Thema, welches totgeschwiegen wird.

Über die Jahre schier in Vergessenheit geraten, hier und da mal Geschichten über Schwarze Magie, Teufelsanbeterei und Hexenkult gehört, aber nie tiefgründig verfolgt. Dann, als ich schon etwas älter war, meine zweite Ausbildung bereits absolviert, wollte ich doch mal was Neues probieren. Eine gewisse Lebenserfahrung, wenn auch noch nicht ganz ausgeprägt, lag bereits vor und das Interesse ging in eine völlig neue Richtung.
Damals hat meine Frau, ich war so Anfang dreissig, in einer paranormalen Forschungsgruppe gearbeitet bzw. sich damit beschäftigt. Ich hielt das für völligen Schwachsinn, für Humbug, gewissermassen war es mehr als nur lächerlich. Es gibt doch gar keine Geister. Wenn man tot ist, dann ist man einfach tot.

Aber irgendwie, aus einer Laune heraus, hat es wiederum etwas völlig Faszinierendes, diese Wissenschaft, die aber doch gar keine ist.

Doch wie kann ich über etwas reden, von dem ich doch kaum eine Ahnung habe.

Bücher mussten her, Literatur zu dieser Thematik.

Parallel entschied ich mich einen Blick in diese Gruppierung zu werfen, die sich „Ghost Hunter" nannten. Also Geisterjäger, wenn man das mal direkt übersetzt.

Sollte das tatsächlich wahr sein, dass diese Menschen Geister jagen? Und wie sieht sowas dann aus?

Haben die Waffen und auf was schiessen die? Und was für Waffen und ist das überhaupt legal?

Fragen über Fragen hatte ich und niemand vermag man doch zu fragen.

Wen könnte man dazu befragen?
Ich bin auf Freunde zugegangen, aber die haben mich nur völlig orientierungslos angeblickt und mich gefragt, ob sonst alles in Ordnung wäre.

Naja, so kam ich also nicht weiter. Ich wollte es von jemandem erfahren, der sich damit bereits beschäftigte, denn das wäre quasi aus erster Hand.
Demzufolge entschied ich mich einen Blick hinter die Kulissen des sog. Ghost Hunters zu werfen.
Was macht er, wie macht er es und vor allem galt zu erfahren, ob dies alles Spinnerei, Wahnsinn oder doch real sein könnte.

Also trafen wir uns in der Stadt Singen, in der Nähe des Bodensees zu einem unverbindlichen Gedankenaustausch.
Wir haben uns in einer Kneipe getroffen, die mir schon sehr suspekt in Erinnerung ist. Dunkel, stark verraucht und ein leicht düsterer Gästeraum; in der Tat passte alles zu der Thematik.
Gegenüber von mir sass eine höchst attraktive junge Frau, Mitte 20, blond und sie stellte sich als die sog. Leaderin der Gruppierung vor. Sie wurde von allen Sandy genannt.
Sie sollte gegen später nochmals eine ganz bedeutende Rolle spielen, was mir zu diesem Zeitpunkt in keinster Weise bewusst war.
An jenem Abend erfuhr ich sehr viel über das „Treiben" eines typischen Ghost Hunters. Zu diesem Zeitpunkt war dies für mich eine Tätigkeit, nein, eigentlich war es keine Tätigkeit in meinen Augen. Es war Blödsinn, Schwachsinn und völlig fern jeglicher Realität. Jedoch hat es meine Neugier in ganz besonderem Mass geweckt.
Als völliger Neuling auf diesem Gebiet, bekam ich einen Einblick in die Welt des Paranormalen und der Parapsychologie. Bis dato hatte ich keinerlei Ahnung, was diese Begriffe überhaupt bedeuten könnten.

Diese Gruppe traf sich also in mehr oder weniger regelmässigen Abständen und erhielten Aufträge von sog. Kunden oder Klienten. Diese meldeten sich dann bei dieser Gruppe, um Hilfe zu erhalten. Doch was haben diese sog. Klienten denn für Probleme, dass sie externe Hilfe benötigen sollten?

Dies sollte ich erst im Laufe des Abends erfahren.

An jenem Abend lag bereits ein Auftrag für eine sog. „Paranormale Untersuchung" vor. Der Klient bat die Gruppe, sich dessen Problems anzunehmen.
Die Leaderin offenbarte, dass der Klient verschiedene Phänomene bei sich zuhause beobachten konnte, für welche er keinerlei plausible Erklärungen hatte. Aus diesem Grund beauftragte er diese Ghost Hunter Gruppe, um dem Ganzen auf den Grund zu gehen.
Sandy eröffnete an diesem Abend Details über den Klienten, welche Phänomene zu erwarten waren, die genaue Vorgehensweise der Gruppe und mit welchen Arbeitsmitteln hier agiert werde.
Zu diesem Zeitpunkt fand ich die ganze Geschichte schon etwas seltsam, aber die Neugier packte mich doch.
Soll das alles nur Scharlatanerie sein oder ist da gegebenenfalls doch etwas Wahres dran?

Diese sog. Paranormalen Untersuchungen werden auch in Fachkreisen, zumindest war das bei dieser Gruppierung der Fall, „PU" oder auch „PI" genannt. Letzteres fand ich bei Recherchen im Internet als Begriffsabkürzung für das englische Wort „Paranormal Investigation", also eigentlich das gleiche Wort, nur eben in der englischen Übersetzung.
Der Lernfaktor war an diesem Abend nun wirklich sehr hoch. So erfuhr ich, dass in einer solchen Paranormalen Untersuchung, wie der Name schon ausdrückt, Phänomene untersucht und die Eindrücke und Erfahrungen des Klienten quasi nachgestellt werden, um hierfür eine Erklärung, die als logisch erscheint, zu finden.
Das Phänomen sollte demzufolge dann reproduziert werden, was bedeuten würde, dass es sich eindeutig nicht um eine sog. paranormale Anomalie, also Erscheinungsform gehandelt hat.

Bei meiner ersten PU begrüssten wir also den ersten Klienten und stellten uns der Reihe nach vor.
Ich als Skeptiker hielt mich natürlich sehr zurück, da ich a.) keine Ahnung von der Materie hatte und b.) dem Ganzen sowieso sehr skeptisch gegenüberstand. Aber ich hatte die einmalige Gelegenheit, richtigen Ghost Huntern einmal über die Schulter zu blicken und auch Teil von dieser Gruppe zu sein.
Allein dieser Umstand war schon für mich sehr faszinierend.

Bei dieser PU ging es um verschiedene Geräusche im Haus, für welche es keine logischen Erklärungen gab. Bilder sollen von der Wand geflogen sein und verschiedene Schatten wurden vom Klienten gesichtet.

Die Untersuchung selbst gestaltete sich in verschiedene Stufen. In der ersten Stufe wurde dem Klienten kurz erläutert, wie die eigentliche Arbeit der Gruppe vor sich gehen wird. Danach wurde eine sog. Vorbegehung der Location gemacht. Interessanterweise wird in dieser „Ghost Hunter Welt" alles in englischer Sprache verfasst. Warum und weshalb wird an späterer Stelle noch geklärt.
Nach dieser Vorbegehung wurden die technischen Hilfsmittel und Apparaturen aufgebaut und aktiviert. Danach wurden mehrere Tests und Analysen durchgeführt. Am Ende der gesamten PU sassen wir nochmals mit den Klienten zusammen und die Leaderin gab ein kurzes Feedback an die Klienten bezüglich des gesamten Abends und die Zusage, nach einer gewissen Auswertungszeit, einen Analysebericht zuzustellen.
Soviel Eindrücke an jenem Abend, die mich allerdings nicht mehr loslassen sollten.

Phantasie oder Fiktion - ich fand dafür keine richtige Antwort, denn wen sollte ich fragen?

Diese Ghost Hunter Gruppe oder einen Profi? Gibt es das denn überhaupt und mache ich mich dann nicht vielleicht lächerlich? Und wie soll ich dann fragen?

Dann erst wurde mir die Tragweite meines gedanklichen Problems bewusst. Mir wurde klar, dass ich nicht einfach damit anfangen könne, dass ich Gast bei einer Geisterjägergruppe war und ich doch soviel Fragen auf Lager hätte, die ich gerne als beantwortet angesehen hätte.

Ein völliges Dilemma, welches ich in mir trug. Doch die Thematik reizte mich so sehr, dass ich die Leaderin Sandy darum bat, doch Teil dieser Gruppierung zu werden, was sie freundlicherweise bejahte. Nun war ich doch ein richtiger Ghost Hunter geworden, was mich einerseits sehr stolz machte und andererseits aber die Frage im Raum stand, wie ich damit in der Gesellschaft umgehen solle.

Ja genau, die Gesellschaft. Wie sollte ich denn auf Freunde, Bekannte, Kollegen und Verwandte zugehen? Einfach betonen, dass ich ab sofort als Ghost Hunter unterwegs sei?

An jenem Punkt war mir bewusst geworden, dass es eine Thematik ist, die in der Öffentlichkeit nicht die gleiche Bewunderung erntete, wie sie das in meinem Bewusstsein tat.

Nach der nun ersten durchgeführten PU, fand ich sehr grossen Gefallen an diesem ganzen Thema.

Ich wollte unbedingt wissen, was sich alles dahinter verbirgt und begann sehr viele Bücher hierzu zu lesen, Internetforen zu durchforsten, News-Beiträge zu studieren, Biographien und Werke bekannter Personen zu sichten.

In dieser Zeit lernte ich unheimlich viel über die Thematik der Parapsychologie, Paranormale Wissenschaft, Untersuchungsmethoden, berühmte Persönlichkeiten und Phänomenarten, die bisher erforscht wurden. Mir wurde langsam klar, dass es ein Bereich ist, der bis dato noch nicht vollständig erforscht wurde, also quasi ein fast unbekanntes Terrain der Geisteswissenschaften. Andererseits muss man aber auch festhalten, dass es eigentlich gar keine Wissenschaft dieser Art gibt, denn noch ist es keine Wissenschaft, weshalb sie auch als sog. „Pseudowissenschaft" bezeichnet wird.

Diese sog. Parawissenschaft sollte mich noch einige Jahre beschäftigen und durch die Vielzahl an paranormalen Untersuchungen erreichte ich einen immer tieferen Einblick und auch Erfahrungsschatz im Bereich der Parapsychologie. Je intensiver ich mich mit dieser Materie beschäftigte, desto weniger Anerkennung erntete ich in meinem Freundes- und Bekanntenkreis. Die Schlinge der Gesellschaft zog sich langsam zu und es gab kaum Menschen, die mich auch nur im Entferntesten verstanden.

Für mich war das völlig arrogant, überhaupt nicht nachvollziehbar und schlichtweg dumm. Doch war ich nicht einer von denen, die das noch vor einiger Zeit selbst als Scharlatanerie oder Humbug abstempelte? War ich nicht einer von den ganz grossen Skeptikern? Habe nicht ich die Menschen verurteilt, die sich damit beschäftigten?

Die Grenze zwischen Realität und Fiktion ist so schmal geworden und je tiefer ich mich in diese Materie eingrub, desto faszinierender wurde alles. Die Parapsychologie faszinierte mich von nun an. So las ich Berichte aus dem 19. Jahrhundert, wie die Gründung des bekannten Ghost Clubs, welcher in England begann.

Berühmte Persönlichkeiten, wie Max Dessoir, Prof. Dr. Bender, aber auch Prof. Dr. Dr. Walter von Lucadou kreuzten literarisch meinen Weg. Personen, die sich der Erforschung dieses Gebietes annahmen. Ärzte, Apotheker, Physiker und Psychologen waren es, die Nachweise für die Existenz solcher Phänomene erbrachten. Phänomene, wie Spuk, Poltergeist, Dämonen und Geistererscheinungen waren auf einmal höchst interessante Vorkommnisse, die mich immer mehr reizten.

Durch die Recherchen im Internet erfuhr ich, dass es in Deutschland unzählig viele Gruppierungen gab, die sich mit dieser Thematik auseinandersetzen. Jeder arbeitete mit eigenen Methoden, doch die Grundprinzipien waren überall ähnlich.

Sandy leitete ihre Gruppierung mit einem solch grossen Motivationsschub, dass wir nach einiger Zeit die ein oder anderen Erfolge verzeichnen konnten. Wir konnten quasi nachweislich belegen, dass paranormale Phänomene in der Tat existieren. Hellsichtigkeit, Präkognition, Psycho- und Telekinese waren nicht nur wahllose Begriffe, sondern tatsächlich möglich.

In diesem Zusammenhang möchte ich der Leserin und dem Leser einige kurzen Grundbegriffe aus der Parapsychologie mit auf den Weg geben:

- Ghost Hunter
  Englisches Wort für Geisterjäger

- EMF-Gerät
  Gerät, um damit elektromagnetische Felder nachzuweisen

- PU
  Abkürzung für Paranormale Untersuchung

- PI
  Engl. Bezeichnung für Paranormal Investigation

- Hellsehen
  Aussersinnl. Wahrnehmung eines gleichzeitigen Ereignisses

- Telepathie
  Informationsübertragung via Gedanken

- Präkognition
  Erfahrung von zukünftigen Ereignissen (Visionen)

- Tele-/Psychokinese
  Bewegen von Objekten via Gedanken ohne unmittelbare Berührung

- EVP
  *Abkürzung für Tonbandstimmen
  (Electronic Voice Phenomenon)*

An einem kalten Novembertag versuchte ich einmal das Phänomen der Psychokinese bzw. Telekinese selbst zu erproben.

Obwohl die Wissenschaft sagt, dass hierfür kein Beleg vorliegen würde, wird in vielen Diskussionsforen über dieses Thema debattiert. Bei dieser Kunst werden Gegenstände von einem Ort an den anderen Ort transportiert, jedoch ohne diesen jemals zu berühren.

Alles funktioniert rein mit geistiger Kraft, also der Vorstellungskraft. Mich hat das von allen Phänomenen am meisten gepackt.
Ist es in der Tat möglich, Dinge zu bewegen, allein durch mentale Stärke?

Dabei bin ich wohl nicht der Einzige, den dies interessiert hat.
In genau diesen Foren sprach man immer vom sog. „PSI-Test".
Dieser Test sollte den Beweis erbringen, dass Telekinese in der Tat möglich sei.

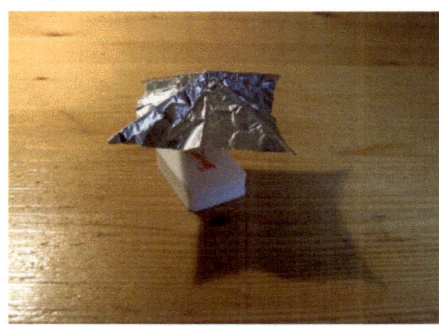

Hierbei habe ich eine Kerze genommen, in die Mitte einen Zahnstocher gesteckt und ein quadratisch gefaltetes Papier auf dem Zahnstocher positioniert.

Hierbei sieht das Papier dann aus, wie ein kleines Dach.

Um jegliche thermischen Einflüsse zu unterbinden, wurde über das gesamte Gebilde eine Käseglocke gestülpt.

Nun konzentriert man sich voll auf dieses Dach und stellt sich vor, dass es sich in eine bestimmte Richtung dreht.

Der eigene Geist fokussiert somit dieses Dach und es ist in der Tat möglich, dieses gefaltete Papier in eine bestimmte Richtung zu bewegen. Auch Richtungswechsel sind ohne Probleme möglich.

Da ein Vakuum unter der Glocke herrschte, sind thermische Einflüsse, wie Luftzug völlig ausgeschlossen.

Wie also soll sich das Papier bewegen?
Dieser Test bringt eigentlich den Nachweis, dass es möglich ist, allein durch das Energiefeld, welches bei starker Konzentration entwickelt wird, Objekte zu bewegen.

Mit einem sog. EMF-Gerät, also ein Messinstrument, mit welchem man elektromagnetische Felder nachweisen kann, lässt sich optisch und akustisch aufzeigen, was bei starker Konzentration physikalisch passiert.

Dies war nur ein Phänomen, bei welchem man Kräfte aufzeigen kann, die bisher immer noch als unvorstellbar galten bzw. noch heute gelten.

Menschen, die nicht daran glauben gibt es genügend in unserer Gesellschaft, denn wir Menschen glauben nur das, was wir auch mit eigenen Augen sehen.

Wenn wir allein nur einmal überlegen, dass wir noch vor rund 300 Jahren der Meinung bzw. der festen Überzeugung waren, dass die Erde eine Scheibe sei und in der heutigen Zeit steif und fest behaupten, dass es keine Geistererscheinungen geben kann, dann ist das schon ein sehr seltsames Verhalten unserer Generation.

Persönlichkeiten, wie Johannes Keppler, Nikolaus Kopernikus oder natürlich Nostradamus hatten viele Jahre zuvor erforscht, dass es noch viele Dinge auf unserer Welt gibt, die nur schwer zu glauben sind.

In dieser Ghost Hunter Gruppe empfand ich das gesamte Tun als etwas Besonderes. Einerseits haben wir uns wohl auch recht hineingesteigert in diese ganze Materie. Wir sahen uns schon lange nicht mehr einfach nur als eine Hobbygruppe, sondern vielmehr als ein wichtiges Bindeglied zwischen Gesellschaft und Wissenschaft. Wir waren keine Ghost Hunter mehr, sondern vielmehr wollten wir der Wissenschaft einen unersetzbaren Dienst erweisen.

Wir wollten Teil von etwas Besonderem sein. Nun kamen diese Klienten aber oft nicht nur aus freien Stücken auf uns zu, sondern wir mussten uns auf dem grossen Markt natürlich auch präsentieren.

Der Kampf um Anerkennung und Prestige war so gross unterhalb der verschiedenen Gruppierungen, dass es zu einem regelrechten Konkurrenzgelage kam.

Keine Gruppe schenkte oder gönnte der anderen etwas. Viele Gruppen kamen und genauso viele gingen oder lösten sich auf. Der Druck war zu dieser Zeit ganz enorm.

Wir begannen also selbst aktiv zu werden und schrieben potentielle Kunden direkt an und erfragten, ob sie uns nicht unterstützen wollen, auf dem Weg der Anerkennung innerhalb der Parapsychologie.

Wir stellten relativ schnell fest, dass allein beim Wort „Ghost Hunter" die Gesellschaft uns sehr scharf kritisierte. Hier brauchte es eine unheimliche Überzeugungskraft, weshalb wir dann oft auf Klientenfang mit der Betitelung „Parapsychologische Forschungsgruppe" gingen.

Ein Entschluss, der für uns eine ungeheure positive Entwicklung mit sich brachte. Wir sahen uns mittlerweile als wissenschaftliche Forschungsgruppe, was allerdings auch in einigen Diskussionsforen dazu führte, dass wir nicht ganz ernst genommen wurden.

Wir arbeiteten sehr viel in der Öffentlichkeit und waren in der Szene ganz oben dabei. Quasi auf dem Höhepunkt.

Sandy, unsere Leaderin, hatte ein gewisses Faible für Film- und Videodreh und wir waren wohl eine der ersten Gruppierungen, die sich einen professionellen Filmer holten, um einen „Ghost Hunter Trailer" anfertigen zu lassen.

Eine nicht ganz kostengünstige Angelegenheit, wie sich später herausstellen sollte.

Es war ein Zeitpunkt, an dem wir bereits recht gut organisiert waren. Wir hatten professionellstes Equipment, das aus mehreren EMF-Geräten, Digitalkameras, Infrarot-Cams und diversen Voicerecordern bestand. Jedes Mitglied investierte eine nicht ganz alltägliche Summe für die Technik, um potentielle paranormale Aktivitäten nachzuweisen.

Es gab nichts, was wir nicht hatten. Viel Geld und viel Zeit wurde geopfert, um in der Liga ganz oben mitzuspielen.

Geschürt wurde dies sicherlich auch durch internationale Filmformate wie „Ghosthunter International" oder „TABS", die sich in den USA einen Namen gemacht haben. Sie haben die gesamte Szene bestimmt durch ihr Tun und Handeln.

Mit deren Serien, die sie drehten, bekam der Zuseher einen Einblick in die Arbeit von solchen Ghost Huntern.

Und wir wollten genauso erfolgreich sein.

Sandy wollte immer diesen ganz grossen Erfolg. Sie war eine Person, die sehr gerne im Vordergrund stand, gerne der Mittelpunkt einer jeden Szenerie war. Ein Jahr zuvor hatte sie dies über einen lokalen Radiosender versucht und nun sollte auch noch das Fernsehen hinzukommen.

Sie meinte, Werbung sei das Wichtigste und man müsse sich doch von allen anderen Gruppierungen bedeutend abheben, um überhaupt existieren zu können.

Unser sicher bedeutendstes Projekt waren neben Privatklienten, Ruinen, Schlössern und Burgen in Deutschland, der Schweiz und Österreich der bekannte Fall der Anneliese Michel. Ich selbst habe vorher noch nie zuvor von diesem Fall gehört und es war ein höchst spektakulärer Fall, der uns eine Weile nicht losliess.

Nachdem ich nun eine Weile festes Teammitglied von Sandys Gruppe war, übernahm ich vor allem Aufgaben in den Bereichen Video- und Bildauswertung, Analyseberichte und stellvertretende Leitung des Teams, sowie Klientenakquise.
Ein Umstand, der mich sehr stolz machte, denn ich bewegte mich auf einem Gebiet, das wissenschaftlich noch nicht vollends erforscht war. Ich war also Teil von etwas Besonderem geworden.

Dann kam schliesslich der Fall „Anneliese Michel". Mit diesem Fall haben wir uns sehr viel Feinde und noch mehr Skeptiker gemacht.

In den späteren Jahren wurde der Fall „Anneliese Michel" auch recht erfolgreich unter dem Title „Der Fall der Emily Rose" verfilmt.
Ob der Fall der Anneliese Michel nun in die Erforschung paranormaler Phänomene gehört oder nicht, ist im Nachhinein sehr schwierig zu sagen.

Die gesamte Geschichte geht zurück in das Jahr 1976. Anneliese Michel wurde in den 50er Jahren geboren und war Studentin der Religionspädagogik und ist in Klingenberg aufgewachsen. Sie wurde streng katholisch erzogen und litt quasi unter den strengen Erziehungsmethoden ihrer Mutter. Alles in allem hiess es, dass Anneliese Michel von einem Teufel besessen sei und sie nicht mehr sie selbst war.
Gestorben sei sie unter den Folgen eines Exorzismus, welcher angeordnet wurde.

Für uns als Ghost Hunter Gruppe war dies natürlich ein höchst packendes Thema. Es ging um Dämonologie und es war die Zeit, als Ende der 70er Jahre Sigmund Freud die Psychoanalyse entwickelte.

Somit stand für uns die Frage im Raum, ob wir es nun mit einer Teufelsbesessenheit oder mit Schizophrenie zu tun hätten.

Darum ging es letztlich dann auch. Wir fuhren nach Klingenberg, nachdem wir zuvor sehr intensiv recherchierten, um möglichst gut vorbereitet in die Analyse zu gehen.

Es gab zahlreiche Interviews mit ehemaligen Studienkollegen, Freundinnen und als absoluter Höhepunkt mit der Mutter von Anneliese Michel.

Wir wurden Zeuge ihres Grabes, sowie ihres Zimmers, in welchem sie aufwuchs und die nahegelegene Kapelle, in welcher heute noch zahlreiche Bilder und Bücher rund um diesen Fall vorliegen.

Etliches Film- und Bildmaterial brachten wir mit nach Hause und waren höchst stolz auf unsere Ausbeute.

In der Szene wurden wir geächtet und viele empfanden die Untersuchung dieses Falles als völlig falsches Terrain. Dies sei kein typischer Ghost Hunter Fall, sondern eher psychologisches Gebiet, auf welchem wir nichts zu tun hätten. Wir wollten also

entscheiden, ob eine psychische Krankheit oder der Teufel Anneliese Michel gerichtet hatte.
Sicherlich nicht ganz zu Unrecht wurden wir in der Szene quasi zerrissen.
Doch zu diesem Zeitpunkt hatten wir uns einen Namen gemacht; man kannte uns und das was wir gemacht haben.
Da gingen auch Beziehungen zu Bruch, denn wir opferten soviel Zeit, dass darunter natürlich auch Freundschaften und Partnerschaften litten. Es war wie ein unbändiges Verlangen nach Aufmerksamkeit in der Szene.
Ob es nun nur die Aufmerksamkeit in der Szene war oder allgemein in der Öffentlichkeit vermag im Nachhinein nun keiner mehr sagen.
Wir hatten bis dahin alles erreicht, was man als parapsychologische Gruppe erreichen kann. Der Name war bekannt infolge zahlreicher veröffentlichter Dokumente und Berichte auf dem Gebiet der Pseudowissenschaft.
In der Gesellschaft nahm man uns zwar wahr, aber respektiert haben uns die Wenigsten.
Denn wir beschäftigten uns schliesslich mit Unsinn, den es nicht gab.

Wir starteten mit unserer ersten Vortragsserie, die in Hochschulen und Universitäten angeboten werden sollten. Dabei wollten wir der nachkommenden Generation aufzeigen, was es mit den möglichen paranormalen Phänomenen auf sich hat. Welche Formen es überhaupt gibt und wie sie entstehen.

Mit diesen Vorträgen wollten wir in die ganz grosse Vermarktung des „Paranormalen" einsteigen. Wir hatten einen Videotrailer, unzählig viele Nachweise aus paranormalen Untersuchungen, bestes Equipment und wir bildeten uns ein, aus der Pseudowissenschaft eine richtige Wissenschaft zu formen.
Wir verloren völlig den Sinn für Realität und waren der Meinung, dass wir die Gesellschaft wachrütteln könnten und Geistererscheinungen als etwas völlig Normales anzusehen sind.
Ich für mich selbst hatte mich höchst intensiv mit der Materie beschäftigt, gründete ein Parapsychologisches Forum, wie auch eine Art elektronische Enzyklopädie für Paranormale Phänomene. Wir

stellten unsere Berichte auf etlichen Plattformen online und dennoch spürten wir eine gewisse Unzufriedenheit in der Gruppe. Sandy wollte immer mehr Erfolg und Anerkennung ernten, die es scheinbar in Deutschland oder den angrenzenden Ländern nicht gab, worauf wir uns dann in Richtung England orientierten. England war bis dahin und ist es wohl auch heute noch, das Land des Übersinnlichen.

Dies war sicherlich ein grosser Wendepunkt unserer bisher geleisteten Arbeit. Wir sahen es schon lange nicht mehr als nur ein Hobby, sondern es war unsere Berufung. Wir mussten die Welt doch wachrütteln und aufzeigen, dass es mehr gibt, als das was wir mit unseren Augen sehen können.

Ebenso aggressiv wie die Gesellschaft auf unser Tun reagierte, gaben wir uns dieser Tätigkeit mit voller Hingabe hin. Doch langsam aber sicher bröckelte unsere Gruppe dahin. Die ersten Scheidungen gab es, da die gesamte Freizeit in die paranormalen Projekte gesteckt wurde. Ein Familienleben war eigentlich nicht mehr möglich. Und kurz bevor es dann nach England gehen sollte, bekamen wir nochmals die Chance in einem Privathaushalt eine Untersuchung durchzuführen.

Wir hatten uns also wie vor allen Untersuchungen zu einer Vorbesprechung getroffen, um nochmals alle notwendigen Details auszuloten.

Das Ereignis, welches dann stattfand, warf uns um Jahre zurück und führte letztlich dann auch zum Bruch der gesamten Gruppe. Keiner war darauf vorbereitet und wir wurden Zeuge der puren Realität. Und von einem Tag auf den anderen war der bisherige Erfolg plötzlich nichts mehr wert. Wir waren quasi ein Stern im Universum, der gerade dabei ist zu verglühen.

Wir waren der festen Überzeugung, dass wir mit dem was wir tun, ungeheuren Erfolg haben werden. Nichts kann uns von unserem Thron stossen, doch das, was dann kam, konnten selbst wir nicht fassen.

Das folgende Ereignis zeigt, was Menschen tun können, um sich in den Mittelpunkt zu rücken.

Jeder hat natürlich den Wunsch eine gewisse Aufmerksamkeit zu erlangen. Ob nun von Freunden, der Öffentlichkeit oder einfach nur des eigenen Partners. Verschiedene Psychologen haben sich damit sehr intensiv beschäftigt und Auswertungergebnisse veröffentlicht.

Bereits Abraham Maslow hat dies in seiner sog. Bedürfnispyramide getan, in welcher er aufzeigt, welche Art Bedürfnisse wir Menschen haben und wie wir zum absoluten Glücksgefühl kommen.

Doch was wir zu erwarten hatten, sprengte jede Vorstellungskraft und keiner rechnete mit solch einer Aktion und im Nachhinein muss ich doch sagen, dass es nur noch traurig ist, wenn man bedenkt, wie weit manche Menschen gehen können, nur um ein bisschen Aufmerksamkeit zu erhalten.

Hätte ich es selbst nicht erlebt, wäre ich nicht selbst dabei gewesen, dann würde ich heute noch sagen, dass es so etwas doch nicht gibt.

Völlig unmöglich und doch ist es geschehen und ich frage mich heute noch, welche Gründe ein Mensch haben muss, um wirklich so weit zu gehen.

Kapitel 3 – Nichts ist so wie es scheint

Wer hoch steigt kann auch tief fallen. Nur runter geht es meistens schneller.

Dieses berührende und wahrhaft auf den Punkt treffende Zitat von Bernd Mai, einem Fotografen und Buchautor aus dem Jahr 1957, erläutert genau die Situation, die wir alsbald mit unserer paranormalen Gruppe erfahren sollten.

Wir haben eigentlich alles erreicht, was man sich so als private parapsychologische Community wünschen konnte.
Auf zahlreiche durchgeführte Untersuchungsprojekte im In- und Ausland konnten wir zurückblicken, hatten bemerkenswerte Erfolge erreicht mit unzählig viel Material, welches für eine Existenz von paranormalen Anomalien stand.

Die Lehren von Lucadou konnten wir bestätigen, hatten einen professionell gestalteten Video-Trailer, einen eigenen YouTube-Kanal, waren in so ziemlich jedem sozialen Netzwerk vertreten und in der Google-Suche waren wir auf der ersten Seite der Suchergebnisse zu finden.
Equipment der besten Sorte konnten wir unser Eigen nennen. Durch eigene entwickelte Untersuchungsmethoden haben wir uns an die absolute Spitze der Szene gearbeitet. Jedes Teammitglied war quasi ein Profi auf seinem Gebiet. Sei es nun in parapsychologischer oder auch in technischer Sicht.
Wir hatten sehr erfolgreich ein grosses Netzwerk zu Partnerteams aufgebaut, welche nicht nur in Deutschland agierten, sondern auch in der Schweiz, in England, sowie in Österreich.
Die Ergebnisse und Analysen waren hochprofessionell und konnten sich sehr gut sehen lassen.
Vorträge und Seminare auf dem Gebiet der Parawissenschaften hatten wir in die Öffentlichkeit getragen und den gesamten Fachbereich zu einer heissen Thematik gemacht.
Man sprach quasi über uns und unsere Arbeiten. Neben zahlreichen öffentlichen Auftritten und Präsentationen waren wir Begründer des ersten Parapsychologischen Forums und haben eine

vollständige Enzyklopädie für Paranormale Phänomene und Parapsychologie aufgebaut.

Man kann also behaupten, dass wir am Höhepunkt unserer Karriere angekommen waren. Es konnte kaum noch höher gehen. Unsere Leaderin Sandy jedoch träumte stets von einer Karriere, wie es das amerikanische Format der „Ghosthunter International" oder „TABS" zur gleichen Zeit erreichten.

Dieser absolute Griff zu den Sternen stand so kurz davor. Pläne für die Entwicklung einer Fernsehserie standen in den Startlöchern. Sandy hatte dies immer in ihrem Gedächtnis herumgetragen. Erfolg zu ernten, wie es unsere grossen Vorbilder vormachten.

Da war schon die Rede von dem grossen Geld, welches als Dank für unsere Arbeit fliessen dürfte. Unser Auftritt in einem Fernsehstudio war schon komplett arrangiert und es fehlten lediglich einige wenige Details.

Was sollte da noch schiefgehen?

Mit professioneller Unterstützung von TV-Produzenten, sogar einige wenige Sponsoren traten in den Vordergrund, die es sehr begrüssten, was wir da so machten.
Sie hatten Gefallen an den Projekten gefunden und ihnen sagte die Art zu, in welcher Weise wir agierten und arbeiteten.
Es fehlten nun nur noch einige wenige administrative Vorbereitungen, wie Teambesetzung, Locations, Filmmusik und etwaige Texte für das Serienintro.
Durch die Projekte, insbesondere in England, auf namhaften Plätzen, wie die Beelitz Heilstätte oder der in Wien gelegene „Friedhof der Namenlosen", hatten wir uns einen ganz besonderen Namen gemacht.
Ich kann mit Stolz behaupten, dass wir aus einer völlig unbekannten Gruppe ein professionell arbeitendes Team geschaffen haben.
Jedes Mitglied auf seine Weise.
Neben unserer Arbeit als Ghost Hunter, waren wir auch beratend für Klienten tätig.

Es machte uns unheimlich Spass und wir gingen in dieser Tätigkeit voll auf. An ausreichend Schlaf war zu dieser Zeit nun wirklich nicht mehr zu denken.

Eines Abends, wir standen vor unserer letzten Paranormalen Untersuchung bei einer Privatklientin, wollten wir uns bei mir zuhause treffen, um nochmals die Details für die anstehende PU durchzusprechen. Pünktlich um 19 Uhr waren eigentlich alle Teammitglieder vor Ort, doch ein Mitglied liess sich ungewöhnlich viel Zeit. Ausgerechnet unsere Leaderin Sandy tauchte einfach nicht auf. Die Stunden gingen vorüber und wir erhielten keinerlei Antwort von der Gruppengründerin.

Kein Telefon, keine Textnachricht - einfach nichts. Wir versuchten sie direkt zu kontaktieren, doch jeweils ohne Erfolg. Wenn sie nicht dabei ist, konnten wir unmöglich die Untersuchung bei der Klientin durchführen. Sie hatte alle Unterlagen und Notizen, die beim Erstgespräch von ihr mit dem Klienten angefertigt worden sind.

Nach ca. zwei oder drei Stunden wusste nun keiner von uns, was derzeit gerade abläuft und da von Sandy keine Spur war und keine Nachricht uns erreichte, blieb uns einstimmig nichts anderes übrig, als die geplante Klientenuntersuchung zu annullieren und abzusagen. Wir mussten das Projekt verschieben.

Damals dachte ich, dass da etwas passiert sein muss, denn das war nicht die Art von Sandy.

Inzwischen machte sich nun jeder seine Sorgen und wir entschieden der ganzen Sache einmal nachzugehen und fuhren in das 30 km entfernte Singen am Hohentwiel, wo sie bei ihrer Mutter lebte. Da Sandy auf keine unserer Nachrichten oder Anrufversuche reagierte, konnten wir uns nur vorstellen, das irgendetwas Dringendes dazwischengekommen sein muss.

Sie hätte sonst niemals eine Klientenuntersuchung sausen lassen, geschweige denn den Termin vergessen. In solchen Punkten war sie höchst zuverlässig.

Schliesslich kamen wir vor ihrer Haustüre an und wir entschieden uns zu zweit an der Türe zu klingeln, da wir ja nicht wussten, was uns erwarten würde.

Nach mehrmaligen Klingelversuchen öffnete höchst zaghaft ihre Mutter und teilte uns unmissverständlich mit, dass etwas ganz Schreckliches passiert sei.

Sie erzählte uns, dass ihre Tochter unmöglich in der Lage sei, an die Haustüre zu kommen und sie bat uns doch wieder zu gehen.

Wir konnten diese Reaktion nicht ganz nachvollziehen und wollten mehr Details haben, da wir doch extra einen Kundentermin verschoben haben und hierfür gerne eine Erklärung hätten.

Die Mutter meinte, dass Sandy von vier Männern vergewaltigt wurde und jetzt nicht in der Lage wäre, überhaupt jemanden von uns zu sehen.

Insbesondere keine männlichen Kollegen, wie unseren Verantwortlichen Michael, der für Technik und Videoauswertung zuständig war und mich.

Für einen Moment standen wir wie angewurzelt vor der Haustüre. Wir wussten beide wohl nicht, wie wir in diesem Moment reagieren sollten.

Mir war natürlich klar, dass keiner von uns in diesem Moment die passenden Worte hatte. Was sagt man auch in solch einem Fall?

Wir drückten der Mutter unser Mitgefühl aus und zogen uns zurück zu den anderen Teammitgliedern. Ihnen eröffneten wir die Neuigkeiten, welche wir soeben von Sandys Mutter erhielten.

Der Schock sass sehr tief und wir waren alle sehr betroffen. Tausende Fragen gingen uns durch den Kopf. Wie konnte so etwas passieren? Natürlich hat jeder von uns mitbekommen, dass Vergewaltigungen an jungen Frauen existieren, aber in unserem eigenen Freundeskreis?

Das hielt nun keiner von uns für jemals möglich.

Natürlich empfindet man solch ein Verbrechen für abscheulich, doch ist man weitaus mehr betroffen, wenn so etwas im eigenen privaten Umfeld geschieht.

Keiner von uns hatte damit zuvor jemals etwas zu tun. Und niemand wusste, was nun zu tun war.

Fragen, wie es ihr nun gehen mag und vor allem das hohe Mass an psychischer Belastung schoss einem jeden durch den Kopf.

Sie tat uns so leid und wir konnten unsere Betroffenheit nicht in Worte fassen.

Der Abend war für uns natürlich gelaufen und keiner wusste so wirklich, wie er mit so etwas umgehen sollte.

Ein solch hässliches Verbrechen im eigenen Freundeskreis ist schon eine ganz besondere Nummer gewesen.

Als Team wollten wir natürlich für sie da sein und liessen das auch in den nächsten Tagen ihre Mutter wissen, da wir selbst nicht wussten, wie es nun weitergehen sollte.

An unsere Erfolge dachte plötzlich niemand mehr, denn es standen derzeit andere Prioritäten auf dem Plan.

Nach ungefähr zwei oder drei Tagen meldete sich Sandy das erste Mal nach dem tragischen Vorfall. Sie zeigte sich sehr reserviert, was nach solch einem Vorkommnis wohl völlig nachvollziehbar war.

Wir versuchten, sie so gut aufzufangen wie nur möglich. Wenn der Zeitpunkt kommen würde, dann würde sie uns sicherlich mehr dazu erzählen können, doch wollten wir nicht direkt sie mit der Tat konfrontieren. Sie musste das alles erst einmal verarbeiten.

Ich informierte mich bei verschiedenen Stellen, wie man mit solchen Situationen im Freundeskreis umgeht.

Sandy versuchte sich weitestgehend abzulenken und fand relativ schnell wieder zurück in das „Ghost Hunter Leben".

Etliche Fachstellen offenbarten mir, dass es ganz verschiedene Formen gibt, wie Betroffene und auch Opfer mit solch einer Situation umgehen können.
Viele Opfer benötigen mehrere Jahre, teilweise bis zu 10 Jahre und länger, um solche Geschehnisse zu verarbeiten.
Oftmals ist eine normale Beziehung zu einem Mann gar nicht mehr oder nur unter schwersten Bedingungen möglich.
Es waren wohl laut einer späteren Erzählung von Sandy vier Männer gewesen, die sie in den Wald gezerrt hätten und dort brutal vergewaltigt haben sollen.

Für uns alle war die Situation wie ein Film, der ständig vor unseren Augen ablief, da wir solch ein Geschehnis nie erlebt haben und es sehr schwer war für uns nachzuvollziehen.
Wir boten natürlich jede erdenkliche Hilfe an und es machte natürlich sehr schnell die Runde.
Denn solch eine Tragödie bleibt nicht lange geheim und die gesamte Szene zeigte sich höchst betroffen.
Viele schrieben uns E-Mails und liessen verlauten, dass es ihnen sehr leidtut und wenn sie doch etwas unternehmen könnten, wären sie auch da.
Hier wurde erstmals klar, dass trotz hohem Konkurrenzdenken in der Szene, doch eine Art Gemeinschaftsdenken existierte.

Ein paar Mal haben wir dann uns getroffen und sie auch wieder integriert in unsere Arbeit und sie hatte wohl auch sehr schnell wieder den Anschluss gefunden und vierzehn Tage später, man konnte es kaum glauben, war Sandy eigentlich wieder ganz die Alte.
Sie engagierte sich wieder mehr und wir hatten quasi wieder unsere alte Leaderin zurück.
Jeder bot ihr seine persönliche Hilfe und Unterstützung an, zumindest in einem Mass, was für uns möglich war.
Die professionelle Hilfe, die Ärzte oder Psychologen geben können, war uns natürlich nicht möglich.
Allerdings wunderte es uns im Nachhinein schon etwas, dass in den Folgetagen keinerlei Polizeiberichte, Nachrichten oder sonstige Meldungen zu lesen oder zu hören waren.

Immerhin wurde eine junge Frau von vier Männern vergewaltigt und man konnte jetzt nun wirklich nicht von einer „kleine Sache" sprechen.
Hinzu kam die Tatsache, dass die meisten Psychologen und Fachärzte der Meinung waren, dass es unheimlich lange braucht, bis die Opfer wieder ein einigermassen normales Leben führen können.

Doch nach zwei Wochen sahen wir eine, quasi von aussen betrachtet, geheilte junge Frau.
Wir konnten keine Unterschiede feststellen. Doch direkt damit konfrontieren wollten wir sie auch nicht, denn wie geht man mit solch einer Situation um?

Es war klar, dass sie sicherlich auf uns zukommen würde, wenn sie über den Vorfall sprechen wollte. Das tat sie kurze Zeit später auch und hatte sichtlich keinerlei Probleme über den vermeintlichen Abend Details zu offenbaren.
Sie erzählte dies sehr detailliert, sodass wir eine ungefähre Vorstellung davon bekamen, wie es abgelaufen sein musste.

Jeder von uns kümmerte sich wirklich rührend um sie und versuchte, sie gut wie nur möglich aufzufangen und ich denke, wir haben damals absolut alles nur Mögliche probiert und ihr die Hilfe angeboten, die in unserer Macht stand.

Dennoch hat es uns leicht verwundert, wie schnell sie doch wieder zurück im normalen Leben war. Sie lachte wieder wie früher, agierte ebenso engagiert und stürzte sich wieder voll in die Akquisearbeit, um neue Klienten zu finden.

Viele Tage später tauchte immer noch kein Bericht oder zumindest ein Zeugenaufruf auf. Kein Wort von einer Vergewaltigung war zu dieser Zeit in der Presse zu erblicken.
Ich konnte mir das auch nicht vorstellen, aber war auch der Meinung, dass ich es vielleicht schlicht übersehen habe.
Etwas komisch und seltsam kam uns das natürlich schon vor und wir wollten das doch nun genauer wissen und wandten uns an verschiedene Polizeiposten und Hilfestellen, wie den „Weissen Ring". Das ist eine Stelle, wo sich Opfer hinwenden können, um psychologische Hilfe zu erhalten.

Doch weder von der einen, noch von der anderen Seite bekamen wir die Informationen, die wir erhofften. Der Polizei lagen keine Meldungen zu einer Vergewaltigung vor und auch dem „Weissen Ring" wurde nichts Derartiges gemeldet. Krankenhäuser konnten auch in diesem Punkt nichts Ähnliches bestätigen.

Summa Summarum hatte niemand eine Notiz erhalten, dass eine solche Vergewaltigung in irgendeiner Form gemeldet wurde.

Wir konnten das nicht glauben. Hat denn überhaupt eine Vergewaltigung stattgefunden, denn wir hatten schliesslich nur die Berichte von Sandy selbst und von ihrer Mutter damals.
Nach einigen Gesprächen mit Psychologen meinten diese, dass ein Herunterspielen der Ereignisse theoretisch schon möglich ist, aber das Opfer kann über längere Sicht diese Fassade unmöglich aufrechterhalten.
Es vergingen Monate und an der Verhaltensweise von Sandy änderte sich nicht wirklich etwas.

In einem persönlichen Treffen konfrontierten wir sie damit, dass wir keinen Polizeibericht fanden, keine Anzeige gegen Unbekannt, keine Meldung bei Hilfsorganisationen oder Ärzten, einfach nichts. Wir konnten das überhaupt nicht nachvollziehen. Sie konnte das überhaupt nicht nachvollziehen und wich unseren Fragen gekonnt durch Gegenfragen aus.

Unser Videofilmer, welcher auch unseren Video-Trailer produzierte, teilte uns später dann noch mit, dass sie an dem besagten „Vergewaltigungstag" die ganze Zeit bei ihm im Studio war und, da sie doch eine ganze Menge getrunken hatte, bei ihm übernachtete.
Es konnte also gar nicht an dem genannten Tag passiert sein. Er hätte sie dann wohl einen Tag später zu ihrer Mutter heimgefahren, an welchem unsere geplante Untersuchung dann auch hätte stattfinden sollen.

Was stimmt denn nun? Gab es überhaupt ein Verbrechen und wenn ja, wann hat es denn dann stattgefunden?

Auf einmal hatten wir Fragen über Fragen und kaum jemand konnte diese uns beantworten.
Also konfrontierten wir Sandy mit diesen Tatsachen und es kam heraus, dass diese ganze Vergewaltigungsgeschichte völlig frei erfunden wurde. Mit unseren Recherchen haben wir sie quasi aus der Reserve gelockt und sie fühlte sich an die Wand gedrückt.

Die Vergewaltigung war ein Akt der Fantasie. Sie hat nie stattgefunden und war eine reine Inszenierung.

In diesem Moment fiel uns schlichtweg die Spucke weg. War es Wut, die plötzlich aufkam? Es gab keine Erklärung für das, was wir in diesem Moment spürten.

Wie weit muss man als Mensch sinken, um ein solch schlimmes Verbrechen zu inszenieren?
Von heute auf morgen war das gesamte Vertrauen, dass wir über Jahre aufgebaut haben, zerstört.
Sie hat uns alle in dem Glauben gelassen, dass sie ein Opfer eines Verbrechens wurde.
Und das nur, um mehr Aufmerksamkeit von uns zu bekommen. Für mich war das in keinster Weise nachvollziehbar. Es ging nur darum, um noch mehr im Mittelpunkt stehen zu können. Jeder sollte sich nur um sie kümmern. Welche Art von Krankheit sollte das nun sein?
Als das herauskam, wurde alles zunichte gemacht, was wir gemeinsam aufbauten. Auf dem höchsten Punkt unseres Erfolgs wurde mit einer einzigen Aktion alles zerstört.
Das gesamte Vertrauen platzte wie ein Ballon und übrig war nur noch ein Hauch von Luft.

Ich war fassungslos, dass ein Mensch soweit gehen kann. Ein Verbrechen erfinden, dass nie stattgefunden hat.
Und alles nur um einen Hauch Aufmerksamkeit zu erlangen und von dieser Aufmerksamkeit hatten wir als Gruppe nun wirklich genügend. Wir waren ganz oben angekommen und standen nun vor einem Scherbenhaufen aus Lügen.

Die Szene zerriss uns förmlich in der Luft. Wir waren das Gespött und konnten uns auf der Bildfläche nicht mehr blicken lassen. Ein gemeinsames Arbeiten mit Sandy war nicht mehr möglich. Unsere Film- und Serienträume waren dahin. Niemand hatte mit solch einer nicht nachvollziehbaren Aktion gerechnet. Letztlich hat sie es dann doch selbst zugegeben, weil sie sich wohl allein fühlte. Ist das ein Grund?

Der Bruch unseres Traums war beschlossen. Niemand wollte mehr mit ihr zusammenarbeiten. Alles, was wir erreicht haben, war nun nichts mehr wert. Jeder war am Ende und wusste nun nicht, wie es weitergehen sollte. Da die Gruppe von ihr gegründet wurde, konnten wir sie nicht zwingen zu gehen, denn sie war die treibende Kraft. Somit entschieden sich weitestgehend alle, darunter auch ich, die Gruppe zu verlassen und eigene Wege zu gehen.

Jeder gründete sein eigenes Team und wir mussten uns damit anfreunden, dass unser Erfolg von einem Tag auf den anderen nun nichts mehr wert war.

Wir standen auf einmal an einem Nullpunkt.

Gegen später gab es noch die ein oder anderen Streitigkeiten bezüglich der Filmrechte, denn wir wollten nicht mehr in den Videos auftauchen. Es war einfach nur peinlich und wir hätten gerne diese Zeit zurückgedreht.

In der Szene war der Ruf besiegelt. Partnerschaften wurden aufgelöst, die Szene nahm uns in Foren auseinander und letztlich stand Sandy dann alleine da mit ihrer nicht vorhandenen Gruppe.

Für mich hiess es, diese Ära als abgeschlossen anzusehen und neue Wege einzuschlagen. Im Freundeskreis, in der Gesellschaft waren wir zum Gespött geworden. Niemand nahm uns mehr ernst, allerdings hinterfragte auch niemand, wie es dazu kommen konnte. Kein „Wieso" oder „Weshalb".

Wir wurden als Gruppe in einen Topf geworfen und als Lügner, Scharlatane und was weiss ich noch alles beschimpft. Und das nur aufgrund einer Aktion, für die wir als Gruppe noch nicht einmal verantwortlich waren.

Wenn so etwas publik wird, dann nimmt einen die Gesellschaft auseinander, obwohl man selbst überhaupt keine Schuld an der Misere trägt, doch das fragt im Nachhinein dann niemand. Man wird regelrecht verurteilt und wird förmlich gezwungen, sich mehr oder weniger zu rechtfertigen.

Wir distanzierten uns und jeder benötigte erst einmal etwas Zeit, um diese ganzen Erlebnisse zu verarbeiten.

Ich für meinen Teil konnte auch nicht gleich mit neuer Gruppierung weitermachen, denn nun hatte ich doch soviel Wissen und Erfahrung mir auf diesem Gebiet erarbeitet und das wollte ich auf keinen Fall einfach wegwerfen.

Doch die Geschehnisse sassen bei jedem von uns sehr tief und jeder versuchte sich in irgendeiner Form abzulenken.

Vorbei war für mich die Ära der Parapsychologischen Forschung natürlich nicht, denn das Gebiet war trotz allem ein hochinteressanter Bereich.

Aber nach solchen Erlebnissen kann man nicht einfach zur Tagesordnung übergehen. Aus diesem Grund brauchte auch ich einen gewissen Abstand zur Szene.

Einfach einmal von der Bildfläche verschwinden. Portale, Internetseiten, Foren, Gruppenmitgliedschaften wurden aufgelöst, gekündigt oder gelöscht und jeder Einzelne versuchte auf seine persönliche Art und Weise neu anzufangen.

Für mich war es unmöglich, mich gleich auf neue Projekte zu stürzen, denn alles, was aufgebaut wurde, ist nun am Boden zerstört.

Und somit wechselte ich das Terrain und bin durch einen wirklichen Zufall in eine ganz andere Ecke der Geisteswissenschaften geraten, die aber ebenso viel mentale Stärke verlangte, wie die Analyse paranormaler Phänomene.

Dass es für mich nochmals ein Zurück geben könnte, war für mich zum damaligen Zeitpunkt nicht klar, doch brauchte es nun erst einmal eine Veränderung.

Durch diesen Bruch der Gruppe, fühlte ich mich selbst hilflos, fast schon einsam, denn nun hatte ich wieder Zeit, doch was sollte ich mit dieser freien Zeit anfangen? Eigentlich eine schlimme Vorstellung, wenn man auf einmal wieder Zeit hat, aber nicht klar ist, was man mit dieser Zeit anfangen könnte.

Doch es sollte sich relativ schnell etwas finden, was mich später im gesamten Lebensabschnitt positiv beeinflusst hat und auch die Denkweise der Gesellschaft bzw. deren Sichtweise aus meiner Position heraus in einem anderen Licht erblicken liess.

Manchmal gibt es Dinge, die wir zum Zeitpunkt der Entscheidung vielleicht für falsch oder dumm einstufen, doch jedes einzelne Tun und Handeln kann überdurchschnittlich wichtig und entscheidend sein für das, was später noch kommt.

Und so passierte es auch mit der nachfolgenden Entscheidung.

Kapitel 4 – Wenn Leben neu definiert wird

Die turbulente Lebensphase und die damit verbundenen Erfahrungen im Bereich des Übernatürlichen und der Grenzwissenschaften hatte sehr viele Gesichter und hinterliess Spuren verschiedener Nuancen.

In den vergangenen Jahren wurde aus einem persönlichen Interesse heraus, gewachsen aus purer Neugier für das Unbekannte, eine fast schon fanatische Welt generiert.

Zuvor wurden die Menschen, die sich mit dieser Materie beschäftigt haben, verspottet, belächelt und verurteilt. Auch ich war Teil dieser Gesellschaft, die genau diese Denkweise vertrat ohne es aktiv zu merken.

In wenigen Jahren fand eine komplette Verwandlung statt und ohne es zu verspüren, fand ich mich auf der anderen Seite der Gesellschaft wieder.

Nun war ich derjenige, der sich über die Meinung und Äusserungen der Gesellschaft aufregte. Wie kann die Gesellschaft über eine Thematik sich aufregen, ohne sich mit der Materie zu beschäftigen? Für mich damals völlig unvorstellbar. So, wie die Gesellschaft mein Tun und Handeln verurteilte, so verurteilte ich nun die Gesellschaft.

Dabei verlor ich den Blick für die Realität, denn nur wenige Jahre zuvor, verurteilte ich aus Sicht der Gesellschaft diese Anhänger der Grenzwissenschaften.

So schnell kann es gehen und man tauscht den Stuhl des Angeklagten mit dem des Richters.

Hier hätte durchaus die Redensart „Wer im Glashaus sitzt, sollte nicht mit Steinen werfen" Sinn gemacht. Ein Zeichen dafür, dass wir Menschen uns oft die Dinge so zurechtrücken, wie es für uns am besten ist.

Oftmals, vielleicht auch unbewusst, gehen wir gern den Weg des geringsten Widerstands. Es ist natürlich auch viel einfacher, als den steinigen und mühsamen Weg zu wählen.

Einerseits dürfen wir uns nicht über das Denken und Handeln der Gesellschaft aufregen, wenn wir selbst so agieren.

Natürlich sind wir ein Teil dieser Gesellschaft, doch nicht jede unserer Entscheidungen ist unweigerlich die Richtige.

Durch die Erfahrungen in der Parawissenschaft, habe ich einerseits einen sehr hohen fachlichen Kompetenzbereich erlangt, andererseits aber auch sehr viel verloren.
Beziehungen und Partnerschaften litten, die Konzentration auf den eigenen Arbeitsplatz verringerte sich und führte zur Arbeitslosigkeit. Es gab kein Ziel mehr, Freunde distanzierten sich, da in der vorigen Phase kein grosser Kontakt gepflegt wurde. Eine völlig egoistische Denkweise wuchs in einem, ohne es zu bemerken.
Es gab also ganz klar zwei verschiedene, quasi gegensätzliche Seiten. Eine sehr erfolgreiche, aber auch eine zerstörerische Seite. Während die eine wuchs, verringerte sich die andere. Fast schon eine Art Yin Yang-Prinzip.

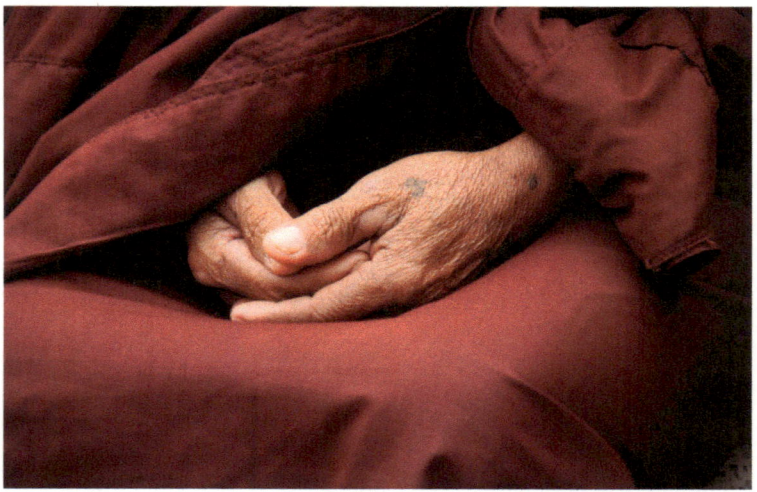

Eine völlig kontroverse Entwicklung, bei der am Ende keiner mehr von den Erfolgen sprach, sondern das hier und jetzt betrachtete und verurteilte.

Der Arbeitsplatz war weg, ich selbst stand vor dem Nichts. Motivation war ein Fremdwort gewesen und ich beschäftigte mich mehr und mehr mit den Themen Depressionen, Burn-Out, Suizid

und bipolaren Störungen. Da die eigene Beziehung ebenso am Ende war, wie es der eigene Antrieb war, gingen unzählig viele Gedanken mir durch den Kopf.
Ich verurteilte alles und jeden. Jeder in meinem Umkreis war falsch und schuld an der ganzen Misere. Die Schuld einmal bei sich selbst zu suchen durch eine Selbstreflexion stand nie zur Debatte. Auch ich ritt mich mit Wut und Selbstmitleid immer tiefer in mein gedankliches Grab. Noch Jahre zuvor lehrte ich an staatlichen Bildungsträgern, wie man sich selbst motivieren kann und im Leben erfolgreich wird. Zu dieser Zeit hat jegliches Coaching perfekt funktioniert.

Doch nun stehe ich selbst an einem schier aussichtslosen Punkt, sieht sich am Ende und denkt über den Tod nach.
Das eigene Unterbewusstsein wird zum Mülleimer, der zum Überlaufen verdammt ist.
Professionelle Hilfe kam nie in Frage, denn das wäre ja im eigenen Geist eine Schwäche. Diese Denkweise veränderte den Charakter in einer ganz besonderen Art. Ich ertrank in Selbstmitleid und ich vertraute mich auch keinem Menschen an, bei dem ich das Gefühl der Geborgenheit und des Verständnisses hatte.
Während sicherlich viele Menschen dem Alkohol verfallen wären, so hatte ich das Glück, dass allein der Alkoholgeruch für mich eine Aversion darstellte und auch heute noch als rotes Tuch anzusehen ist.
Weder der Geruch, noch der Geschmack sagten mir jemals zu, was mich vor dem übermässigen Alkoholismus bewahrt hatte.
Aber das ständige Selbstmitleid und gelangweilte Herumsitzen, dieses „Nichts mit sich selbst anzufangen" ist ebenso krankhaft und beängstigend, wie der Rauschzustand, der durch Alkohol hervorgerufen werden kann.
Es ist ein Teufelskreis, aus dem es unheimlich schwierig ist, sich zu befreien. Man eckt mit jedem Kommunikationspartner an, da oft die Schuld nie bei einem selbst gesucht wird.

Negatives Denken stand an der Tagesordnung und jeder Umstand, jede Situation betrachtet man als schlecht. Auch ich war in einer Situation, in der mehr Gedanken über den Tod gemacht wurden, als auch nur einen Gedanken daran zu verlieren, wie die derzeitige Situation gelöst werden könnte. Lösungsansätze kamen mir nicht einmal im Entferntesten in den Sinn. Es kam der Punkt, in dem das eigene Leben als wertlos und nutzlos angesehen wurde. Es schien keinen Ausweg aus dieser Spirale zu geben.

Hoffnungslosigkeit, aggressives Verhalten und Lustlosigkeit waren die Hauptbestandteile des täglichen Ablaufs, wobei es keinen wirklichen Tagesablauf gab.

Auch das ist eine Phase, die einen Menschen prägen kann. Sie beeinflusst uns unterbewusst und kann unseren eigenen Charakter sehr negativ beeinflussen.

In dieser Zeit beschäftigte ich mich vorwiegend mit dem sinn- und ziellosen Surfen in den Weiten des Internets. Hier fand eine Art Flucht aus der Realität statt und der Weg in die Sucht war schon geebnet.
Durch einen puren Zufall erblickte ich eine Anzeige von einem im Ort neu geschaffenen „Buddhistischen Zentrum".
Dieses „Zentrum" erweckte meine Neugier und sollte der Schlüssel aus meiner selbst kreierten negativen Lebenseinstellung werden, was mir zu diesem Zeitpunkt nicht klar war.

Ich hatte noch nicht einmal ein Basiswissen, was den Buddhismus und dessen Philosophie anging. Dennoch hatte ich das Gefühl, es drängte mich fast schon innerlich, jetzt wäre der Zeitpunkt meine eigene Welt, in der ich die letzte Zeit gefangen war, zu verlassen.

Es war wie eine immense Kraft, die mir innerlich sagte, dass ich den Weg in das Buddhistische Zentrum antreten sollte.
Mir war, glaube ich, nicht wirklich bewusst, wie genau diese Entscheidung das Zentrum zu besuchen, mein Leben verändern sollte.
Es gab viele Schritte, die ich in meinem bisherigen Leben getan habe, aber kein Schritt war so einflussreich und wichtig, wie der der nun folgte.

Oft werden wir Menschen durch unseren Alltag beeinflusst. Wir fällen Entscheidungen, weil wir der Meinung sind, dass es richtig ist oder uns in diesem Augenblick als richtig erscheint. Äussere Einflüsse, wie Stress, negative Erfahrungen, Reaktionen auf unsere Mitmenschen, bestimmen oftmals unsere eigene Sichtweise und immer wieder kommt es vor, dass eine Entscheidung, die wir fällen, wenige Stunden später als falsch oder dumm angesehen wird. Allerdings nicht unbedingt von Mitmenschen, sondern vielmehr von uns selbst.

Sie kennen diese Situation. Jemand aus ihrem Umfeld ärgert Sie oder reagiert Ihrer Meinung nach nicht korrekt und Sie selbst fällen eine Entscheidung, die Sie vielleicht Tage später bereuen.

Ein Dozent von mir sagte einmal, dass es drei Dinge im Leben gibt, die unwiederbringlich sind:

- Ein abgeschossener Pfeil
- Eine verpasste Gelegenheit
- Ein in Eile gesprochenes Wort

Bei Kindern sprechen wir oft von Trotzreaktionen, also eine auf Basis eines bestimmten Vorgangs resultierende Reaktion. Hier spielen oft Emotionen, persönlicher Egoismus und eigene Bedürfnisse eine sehr wichtige Rolle.

Mein Vater hatte mir einmal gesagt, wenn man einen Brief an eine Person schreibt, dann schreibt man diesen, lässt ihn 24 Stunden auf dem Schreibtisch liegen, betrachtet ihn danach nochmals und wenn er für in Ordnung befunden wird, erst dann schickt man ihn ab.

Unser Leben wird oft bestimmt von Gefühlsregungen und Reaktionen auf unsere Mitmenschen. Ob die Entscheidungen, die wir dann fällen korrekt sind, erfahren wir oft erst viel später.

Durch meine sportliche Aktivität im asiatischen Kampfkunstbereich, hatte die fernöstliche Denkweise schon immer einen besonderen Platz bei mir eingenommen.
Aber erst durch den Besuch des „Buddhistischen Zentrums" wurde mir persönlich eine völlig neue Welt eröffnet.

Das Zentrum lag etwas zurückversetzt in einem Hinterhof und war, wenn man sich nicht auskennt, nicht unbedingt offensichtlich zu entdecken. Obwohl an einer Hauptstrasse liegend, lag es doch sehr ideal, da der Hauptlärm der Strasse von den vorderen Häusern gut abgefangen wurde.

Das Zentrum fand Platz in einem alten Fabrikgebäude, wurde aufwendig renoviert und diverse tibetische Fahnen und Banner zierten den Haupteingang.

Der untere Bereich glich noch eher einer Baustelle und war nun nicht sonderlich einladend, wobei sich der eigentliche Eingang im ersten Stockwerk befand.

Vor dem Eingang waren in einem Regal verschiedene Schuhe abgestellt, was darauf hindeutete, dass man nicht mit Strassenschuhen das Buddhistische Zentrum betreten durfte. Warum dies so war, sollte ich später noch genauer erfahren.

Direkt beim Eintritt in das Zentrum verspürte ich den Geruch von Sandelholz und diese absolute Stille war schon fast beängstigend. Im Hintergrund hörte ich meditative Musik, allerdings sehr dezent und nicht übertrieben.

Kaum war ich dort angekommen begrüsste mich eine kleine chinesische Frau, die ihre Hände faltete und sich vor mir verbeugte. Sie stellte sich mir vor als die Leiterin des Buddhistischen Zentrums und hiess Man-Ling. Eine sehr zierliche Person, die schon alleine durch ihr Auftreten eine völlig neue Welt eröffnete.

Sie erkannte wohl da bereits, dass ich zu diesem Zeitpunkt die Motivation und die positive Lebenseinstellung nicht unbedingt gepachtet hatte.

Man-Ling führte mich durch die Räumlichkeiten und zeigte mir die „Heilige Halle", den Kernort des Buddhistischen Zentrums. Der Tempelbereich, ein sehr grosser Raum, geschmückt mit Wandtafeln aus China und Tibet. In der Mitte fand sich ein grosser Altar, auf dem viele Figuren standen und etliche Gegenstände, die ich zuvor noch nie gesehen habe.

In der Mitte sass eine sehr grosse Buddhafigur, ganz in Gold verfasst und davor eine Schale, gefüllt mit Sand, in der mehrere Räucherstäbchen steckten.

Man-Ling erklärte mir die Grundregeln eines solchen Tempels und meinte, dass es Zeit wäre, mich um meine eigenen Gedanken zu sorgen. Das habe ich damals nicht wirklich verstanden, erst sehr viel später.

Sie erläuterte mir die Bedeutung von „Prajna" (sprich: Praschna). Somit ist Prajna die allumfassende Weisheit, welche durch ständiges Üben und Meditieren erreicht werden kann. Prajna ist Teil der buddhistischen Lehre und definiert die Einheit zwischen Körper und Geist. Durch eine sog. Sitzmeditation kann dieser Zustand erreicht werden.

Ich teilte Man-Ling mit, dass ich gerne mehr über die Lehren Buddhas erfahren möchte und an der Kunst der Meditation interessiert sei.
Sie war schon eine bemerkenswerte Person. Oft konnte sie Dinge sehen, die ich noch nicht einmal ausgesprochen habe. Man konnte ihr nichts vormachen. Es war, wie wenn sie in meinen Körper, in mein Unterbewusstsein blicken konnte.

Zum ersten Mal nach langer Zeit fühlte ich eine gewisse Befreiung. Ein Ort, an dem ich mich sofort wohlfühlte und Verständnis für meine derzeitige Situation erfuhr.
Hier wurde ich nicht verurteilt und es gab auch keine Vorurteile.

Dass ich hier einen Grossteil meiner Zeit verbringen sollte, war zu dem Zeitpunkt noch nicht klar. Dennoch reizte mich das Zentrum so sehr, dass ich gleich am nächsten Tag wieder im Zentrum war und Man-Ling unterrichtete mich in die Lehren Buddhas, in die Kunst der Chan Meditation, sowie Qi Gong und die chinesische Philosophie namhafter Meister.
Es hat eine völlig neue Ära für mich begonnen. Ich selbst habe in dieser Zeit mich von der normalen Gesellschaft distanziert und konzentrierte mich von nun an ganz auf die buddhistische Lebensphilosophie.

Doch was ist Buddhismus eigentlich und wer ist Buddha?

Buddhismus ist eine Lehrtradition, genau genommen ist es keine Religion, da es keinen Gott wie im Christentum gibt.
Weltweit gibt es ca. 500 Millionen Anhänger.

Jeder Buddhist beruft sich auf die Lehren des aus Nordindien stammenden Siddhartha Gautama, der als Buddha bezeichnet wird.
Buddha steht wörtlich übersetzt für „Erwachter". Das Erlebnis, welches man erfahren kann, bezeichnet man dagegen „Bodhi", was die Bedeutung von „Erwachen" hat.
Wer die Lehren Buddhas befolgt, kann das leidliche Dasein überwinden und Erleuchtung erfahren.

Die Grundlage der buddhistischen Praxis ist die Lehre der „Vier Edlen Wahrheiten", wobei die erste Wahrheit für das Leid durch Geburt, Alter, Krankheit und Tod definiert wird.

Die zweite Wahrheit steht für die Verursacher dieses Leidens, wie Gier, Hass und Verblendung.

Die dritte Wahrheit besagt, dass genau dieses Leid durch die Vermeidung der Verursacher nicht entstehen kann und Glück freigesetzt wird.

Den Schluss bildet die Vierte Wahrheit, die besagt, dass die Mittel zur Vermeidung des Leids und somit auch die Entstehung des absoluten Glücks, in der Praxis der Übungen des „Edlen Achtfachen Pfades" zu finden sind.

Dieser besteht aus: Rechte Erkenntnis, rechte Absicht, rechte Reden, rechtes Handeln, rechter Lebenserwerb, rechte Übung, rechte Achtsamkeit und rechte Meditation.

Nach buddhistischer Sichtweise sind wir Menschen im Ursprung „Unerleuchtete" und in einem Kreislauf zwischen Geburt und Wiedergeburt endlos und leidvoll. Ziel ist es, genau diesen Kreislauf, den man auch „Samsara" bezeichnet, zu durchbrechen und herauszutreten.

Durch Meditation, Mitgefühl für alle Lebewesen und Weisheit (Prajna) erreichen wir den Zustand der Erleuchtung und erfahren das Nirwana, wo es kein Leid und Schmerz gibt, sondern absolute Glückseligkeit.

Hier die wichtigsten Begriffe aus dem Buddhismus:

- Dharma (Die Lehren)
- Karma (Ursache und Wirkung)
- Samsara (Kreislauf des Lebens)
- Bodhi (Das Erwachen)
- Nirwana (Das Verlöschen)
- Theravada (Die ältesten Mönche des Buddhismus)
- Hinayana (1. Hauptstrom des Buddhismus „Kl. Fahrzeug")
- Mahayana (2. Hauptstrom des Buddhismus „Gr. Fahrzeug")
- Vajrayana (Tib. Buddhismus, aber auch in Japan, China)
- Dalai Lama (Buddh. Oberhaupt in Tibet)
- Bodhisattwa (Erleuchtungswesen zur Erreichung „Bodhi")

Durch meinen Eintritt in das Buddhistische Zentrum lernte ich mehr Lebensqualität als in den Jahren zuvor.
Ich erfuhr, wie wir selbst unser Leben positiv gestalten können unter Berücksichtigung der „Vier Edlen Wahrheiten" und die Praktizierung des „Edlen Achtfachen Pfades".

Durch Chan Meditation erfuhr ich, wie man seinen eigenen Körper vollständig kontrollieren kann. Dabei waren Schmerz nur ein Element des Gehirns.

Sich auf das Wesentliche zu konzentrieren, Schmerz vollständig auszublenden und den Geist von unnötigem Ballast zu befreien, machten einen anderen Menschen aus mir.

Die Chan Meditation gehörte von nun an zu einem festen Bestandteil in meinem Leben.

Man-Ling wies mich in die Grundlagen der chinesischen Schrift und Sprache ein, Verhaltensweisen und Regeln des tibetischen Buddhismus, sowie einen kleinen Teil der Traditionell Chinesischen Medizin.

Bücher von Laotse und Konfuzius gehörten zu einigen wichtigen Lehren, welche wir gemeinsam studierten.

Nach einem Jahr Praxis wurde ich ferner mit „Qi Gong" konfrontiert und Man-Ling bildete mich intensiv darin aus.

Tägliche Meditation und das regelmässige Rezitieren Dharmas, also das Lesen und Studieren Buddhas Lehren, waren die Kernbestandteile der Ausbildung.

Zu dieser Zeit entschied ich dem Buddhismus treu zu bleiben.

In keiner Lebensphase habe ich mehr gelernt und mehr erfahren, als im Buddhistischen Zentrum.

Man-Ling lehrte mich so viele Dinge, die mir völlig unbekannt gewesen sind.

Meine Lebenseinstellung bekam eine völlig neue Richtung. Positives Denken stand fortan im Vordergrund und auch die Gesellschaft an sich betrachtete ich aus einem ganz anderen Blickwinkel.

In schwierigen oder kniffligen Zeiten berufe ich mich heute noch auf die Grundlehren Buddhas. Es erleichtert oft bestimmte Situationen besser einzuschätzen und Lösungen zu finden.

Hierdurch habe ich gelernt viele Dinge nicht durch körperlichen Einsatz zu definieren, sondern mit gesunder Einstellung an Probleme heranzutreten.

Mitgefühl für andere Menschen, aber auch für Tiere entwickelte sich viel intensiver.

Es ist oft schade, dass viele Menschen in unserer Gesellschaft sehr egoistisch veranlagt sind, kaum Mitgefühl zeigen. Dies habe ich in meiner praktischen Zeit in den buddhistischen Tempeln gelernt.

In der gesamten Zeit habe ich viele verschiedene Lehrmeister kennengelernt und mein eigenes Ich besser verstanden.

Für viele Menschen erscheint das nicht nachvollziehbar, aber nur, weil ihnen diese Philosophie fremd ist und sie oftmals keinerlei Interesse haben, einmal über den Tellerrand zu blicken.

Und der Mensch fürchtet sich vor dem, was ihm einerseits fremd ist und andererseits vor der Reaktion der Mitmenschen und somit der Gesellschaft.

Ein trauriges Zeugnis, denn wir können durch Dharma uns einerseits viel besser kennenlernen und erhalten neue positive Werte in unserem Leben.

Es ist nicht gut, wenn wir in allen Dingen etwas Negatives sehen. Buddha hat gesagt: „Wenn Du ein Problem hast, versuche es zu lösen. Kannst du es nicht lösen, mache kein Problem daraus."

Wir sollten akzeptieren, dass der Kern unseres Lebens aus „Glücklichsein" besteht und es grundsätzlich keinen Weg zum Glück gibt.

Und der eigentliche Schlüssel zum Glück ist die Fähigkeit des „Loslassens".

Viele Menschen haben das nicht verstanden und wollen das auch nicht lernen zu verstehen.

Ich habe lange gebraucht, bis ich die Lehren Buddhas verinnerlicht habe, aber entscheidend ist letztlich, dass wir uns mit unserem eigenen Ich identifizieren sollten, um absolutes Glück erfahren zu können. Dass dieser Weg nicht einfach ist und wir nichts geschenkt bekommen, ist fast schon selbsterklärend.

Doch durch diese neue Sichtweise, können wir ein völlig neues Glücksgefühl erfahren und wir können jeden Tag mit positiven Gedanken füllen.

Natürlich muss jeder Mensch für sich selbst entscheiden, welchen Weg er nun gehen möchte und ob man nun an Wiedergeburt glaubt oder nicht, ist es sicherlich von bedeutendem Wert, sich auch einmal diese Lebensphilosophie näher zu betrachten, denn jeder Mensch benötigt etwas, an dem er sich festhalten kann.

Für mich war die Ausbildung im buddhistischen Fachkreis eine enorme Steigerung meiner eigenen Lebensqualität.
Begriffe, wie Motivation, positives Denken, Wertschätzung und innerer Frieden sind nichts Schlechtes.
Wir haben oft alltägliche Gedanken, die uns belasten, weil wir uns letztlich nur darauf konzentrieren. Dinge, die wir nicht beeinflussen oder ändern können, sollten wir loslassen.

Warum regen wir uns über das Wetter auf, über die Art und Weise, wie manche Mitmenschen sich benehmen oder was sie tun? Wir können das nicht verändern. Also hat es auch wenig Sinn, sich damit zu beschäftigen. Es belastet uns nur unnötig.

Verändere Dich selbst, dann veränderst Du die Welt.

Kapitel 5 – Sternstunden der anderen Art

Nach einer Reise in das eigene Ich, die wertvoller war, als alles was ich je zuvor erleben durfte, bekam ich nun eine ganz andere Sichtweise auch was die Gesellschaft anging. Die Gesellschaft war für mich immer eine grosse Menschenmenge, die gemeinsam bestimmte Dinge tut, um sie schlichtweg betrachtet, nicht alleine durchführen zu müssen. Doch wenn wir einmal das Gesamtbildnis von aussen betrachten, so ist es doch ziemlich schwierig, eine bestimmte Norm zu finden. Aussagen, wie: „So etwas macht man nicht." ist schon ein Gedanke wert, denn letztlich sind wir es, die Regeln und Richtlinien definieren. Wir sind die Gesellschaft und bestimmen, was richtig und was falsch ist.

Jeder Mensch ist ein Individuum und hat einen ganz eigenen Charakter. In diesem Fall treffen unzählig viele verschiedene Persönlichkeiten aufeinander und da erscheint es als fast unmöglich, einheitliche Normen zu definieren.

Innerhalb einer Gemeinschaft muss es Regeln geben, weil sonst ein Zusammenleben nicht möglich sein kann. Betrachten wir uns aber einmal die vielen Ehescheidungen, dann fällt uns vielleicht auf, dass allein dort schon der Twist beginnt.

Wenn zwei Menschen schon nicht miteinander klarkommen, dass sie getrennte Wege gehen müssen, wie soll es dann die Gesellschaft hinbekommen?

Im Grunde sind wir in unserer Persönlichkeit so verschieden und unter diesem Aspekt beklagen wir uns über unsere Mitmenschen, denn wie anfangs erwähnt, kennen wir vielleicht unseren Gesprächspartner gar nicht richtig.

Was wissen wir über ihn?

Sind wir in der Position, sein Verhalten zu beurteilen? Im Grunde sind wir ein völlig egoistisches Volk, dass immer nur die Spitze des Eisbergs betrachtet.

Nachdem ich das Buddhistische Zentrum verliess, ging ich mit einem Paket an ungeheurem neuem Wissen zurück in die gesellschaftliche Welt. Innerlich fühlte ich mich bestärkt und erstmals spürte ich diese intrinsische Motivation, also eine Motivationsform, die aus voller Überzeugung entsteht.

In der Psychologie verwendet man diesen Begriff, der besagt, dass Motivation, die wir entwickeln, weil wir ein bestimmtes Ziel aus eigener Kraft und eigenem Interesse erreichen wollen und nicht, weil wir dazu gezwungen werden, viel mehr bringt, als das Gegenstück, die „extrinsische Motivation".

Diese hingegen, ist eine Form, bei der wir einen gewissen Druck von aussen verspüren.

Die Parapsychologie hat mich auch nach der buddhistischen Zeit nicht wirklich losgelassen. Im Buddhismus und in der Parawissenschaft kann man parallele Komponenten entdecken.

Was sollte ich nun mit diesem Wissen anfangen? Zurück war nicht mehr möglich und der Schmerz über den damaligen Vertrauensbruch war enorm, aber ich habe gelernt, besser damit umzugehen, denn verändern kann ich die Vergangenheit nicht.

Es wurde Zeit, neue Wege zu gehen, neue Projekte zu eröffnen und ich stieg wieder ein, in die paranormale Welt mit neuem Wissen, mit neuer Motivation und einem neu gegründeten Team.

Viele von damals haben das ähnlich gemacht und jeder versuchte auf seine Art erfolgreich zu werden.

Neue Internetportale wurden errichtet, auch das ehemalige Parapsychologische Forum wurde neugestaltet und wir versuchten erneut in der Szene Fuss zu fassen.

Diesmal gingen wir nicht mehr ganz so aggressiv vor, denn unser Schwerpunkt sollte der wissenschaftliche Bereich sein und bleiben. Aber in unserer Gesellschaft war und ist es sehr schwierig, den Menschen dieses Thema schmackhaft zu machen.

Wir haben uns daran gewöhnt, dass wir als Scharlatane und Spinner bezeichnet werden, denn die meisten unserer Gesellschaft glauben, dass es keine Dinge gibt, die wir nicht kennen.

Auch wenn ich persönlich diese Einstellung sehr schade und schon fast beängstigend finde, so dürfen wir doch nicht vergessen, dass es doch schon sehr arrogant ist, zu glauben, dass wir die einzigen intelligenten Lebewesen im Universum sind.

Ein sehr bekannter Wissenschaftler hat einmal gesagt: „Selbst der grösste Skeptiker aller Zeiten sollte manchmal an seiner eigenen Skepsis zweifeln."

Wären wir Dingen nie auf den Grund gegangen, so würden wir heute noch davon ausgehen, dass die Erde eine Scheibe ist und wir im Mittelpunkt des Universums leben.

Als Kopernikus damals das neue Weltbild erschaffen hat und behauptete, dass die Erde eine Kugel ist und wir lediglich Teil von Millionen von Planeten sind, hatte man ihn als Ketzer beschimpft.

Heute wissen wir, dass wir auf einer Kugel leben, doch damals konnten wir es uns nicht vorstellen auf einer solchen zu existieren. Denn wir hatten noch keine Vorstellung von Erdanziehung und Atmosphäre.

Es passte nicht in unsere Vorstellungskraft. Und in ähnlichem Masse trifft dies auch für die Geisterwelt zu. Hollywood hat dieses Bild leider etwas verfälscht, denn das Genre „Horror" bedient sich nur zu gern mit dieser Thematik.

Einen eindeutigen Nachweis zu erbringen, dass es solch eine Existenz gibt, ist sehr schwierig. Selbst dann, wenn man klare Beweise erbringt, wird einem vorgeworfen, es handele sich um bearbeitetes Material.

Und das ist das tragische Los in der heutigen Zeit. Technisch haben wir heute die Optionen, jedes Bild, jeden Film und jede Tonspur zu bearbeiten, Dinge hinzuzufügen oder zu retuschieren.

Erst in dem Moment, indem Menschen ein solches Phänomen live erleben, es spüren und natürlich sehen, wird auch die Gesellschaft irgendwann erkennen, dass es noch sehr viele Dinge im Universum gibt, die heute noch völlig unvorstellbar sind.

Voll neuer Motivation und Tatendrang haben wir mit einer neuen Gruppe namens „Paranormal Ghost Hunters" gestartet und konnten nach dem letzten Fiasko quasi bei null beginnen. Alles musste neu werden. Die gesamte Szene reagierte darauf sehr verhalten, aber wir machten uns langsam wieder einen Namen.

Die Berichte, Analysen, Auswertungen und letztlich die Art und Weise, wie wir arbeiteten, führten dazu, dass wir auch wieder neue Partnerschaften eingingen. Vielleicht war es auch der veränderte Standort, denn wir fokussierten uns vorwiegend auf die Schweiz. Auf deutschem Boden haben wir fast keine Untersuchung durchgeführt.

In der Schweiz selbst war das Thema zwar präsent, aber ähnlich wie im Nachbarland für viele Menschen höchst heikel, was wir da taten.

Nachgefragt wurde eher selten. Und bei genauerem Hinsehen fiel uns auf, dass es kaum Gruppierungen in der Schweiz gab. Lediglich eine Formation war recht intensiv dabei und das war die GHS (Ghost Hunters Switzerland).

Da wir auf schweizer Terrain neu waren, versuchten wir es über eine Kooperation mit den Kollegen, die ihren Sitz in Bern hatten. Der Leiter der Gruppe war ein sehr erfahrener Mann, der schon seit über 20 Jahren in der Szene agierte.

Für ein gemeinsames Projekt, es war das Schloss Trachselwald, hatten wir eine wirklich tolle Untersuchung erlebt. Teilweise arbeitete die GHS mit eigenem Equipment, dass selbst entwickelt wurde.

Vollspektrumkameras und externe Infrarotleuchten gehörten dabei zur Standardausrüstung. Schwerpunkte waren vor allem Klopfgeräusche in dem alten Gemäuer.

Es war eine tolle Erfahrung, die wir mit dieser Gruppe machten. Hochprofessionelles Arbeiten war nun wieder möglich und auch der Lernfaktor voneinander war enorm.

Da alles privat finanziert wurde, gingen wir eine Art Fusion ein, wobei jede Gruppe seinen eigenen Namen behielt.

Einige Zeit ging das auch wirklich gut, doch wie in vielen Bereichen des Lebens, gab es hin und wieder Meinungsverschiedenheiten, obwohl wir doch alle das gleiche Ziel verfolgten.

Aber jeder hat nun seine Meinung und ist auch bereit, diese klar zu verbreiten und seinen Standpunkt eindeutig zu vertreten. Auf lange Sicht konnte das nicht gut gehen und wir entschieden uns, nach langem Hin und Her, getrennte Wege zu gehen.

Der grosse Erfolg, den wir mit unserer ersten Gruppe in Deutschland hatten, konnten wir aber nicht mehr toppen. Es war, wie wenn die Luft heraus war. Wir hielten uns mehr mit gelegentlichen Schlossbesuchen, Privatklienten und hier und da Analysen auf Bergruinen über Wasser. Teilweise fehlte auch die Motivation, da es immer wieder innerhalb der Gruppe kriselte.

Alles am Leben zu erhalten war immer meine Intension.

Doch manchmal ist es sinnvoller, sich von Dingen zu trennen.

Letztlich sank auch die Motivation innerhalb des Teams und es kam des Öfteren zum Disput.

Vielleicht wollten wir auch mehr erreichen, denn das oberste Ziel war doch lediglich nur einmal den Nachweis und zwar den absolut eindeutigen Nachweis zu erbringen, dass es paranormale Phänomene gibt. Wir hatten schon das ein oder andere Mal tatsächlich Phänomene aufzeigen können, die eindeutig als paranormal einzustufen waren. Ich wusste das, doch in der Öffentlichkeit wurde das immer als sog. Fake betitelt und teilweise wurden wir sogar beschimpft, wir würden die Materialien und Auswertungen nur veröffentlichen, um einen Marktvorteil zu erlangen und gut dazustehen.

Insbesondere auf eine Untersuchung im Schloss Frauenfeld in der Schweiz hatten wir bewusst öffentlich in einem Zeitungsartikel erwähnt, dass wir keine Phänomene nachweisen konnten, aber auch das wurde von der Gesellschaft als Vermarktungsversuch verurteilt. Ich empfand das als sehr traurig, dass man nicht einmal versucht hat, sich mit der Materie auseinanderzusetzen.

Einige Zeit später schrieb uns ein befreundetes Team aus Norddeutschland an, ob wir nicht einen Fall für sie übernehmen könnten. Denn es ging um ein Projekt im Kanton Thurgau und für diese Gruppe wäre das eine enorme Anreise gewesen.

Wir sagten natürlich zu und es sollte unser letztes Projekt werden, bevor ich meine Gruppe dann endgültig auflöste und die Investitionen in dem parapsychologischen Bereich ein Ende fand. Doch dieses letzte Projekt wollten wir nun doch noch für unserer befreundetes Team durchführen.

Im Klientenvorgespräch kam heraus, dass verschiedene Geräusche vorlagen, für welche es wohl keine natürliche Erklärung gab. Bei der Vorbegehung der Örtlichkeit, fanden wir ein Bungalow aus sechs Zimmern vor. Alles war ebenerdig und der Bau war wohl so aus den 2000er Jahren. Sehr nett gelegen in einer landwirtschaftlichen Region.

Die Klienten hatten eine Tochter und einen Sohn und wir erläuterten den genauen Ablauf der Paranormalen Untersuchung.

Einige Tage später führten wir die Untersuchung durch und nach der Auswertung und Analyse des Bild- und Filmmaterials, konnten wir lediglich einige „Orbs" entdecken.

Orbs sind Lichtkugeln, die im Infrarot sichtbar werden, bei denen viele Fachleute die Meinung vertreten, dass dies Formen von Existenzen sein könnten, die in der Zwischenwelt gefangen sind und noch nicht vollständig materialisiert wurden.

Quasi der Übergang von der irdischen Welt in die geistige.

Eine höchst umstrittene These, aber durchaus gängig.

Bei der Auswertung des Voicerecorders konnten wir eindeutig Stimmen identifizieren, die oberhalb des 20'000 Hz Bereiches lag.

Mit einem Voice-Analyse-Programm konnten wir die Stimmen eindeutig zuordnen und es gab für uns keinen Hinweis, dass dies normalen Ursprungs sei.

Es war eindeutig paranormal, denn uns fehlte jede erdenkliche Erklärung.

Beim Abschlussgespräch der Klienten legten wir unsere Abschlussdokumentation vor und erklärten, dass wir der Meinung waren, dass es tatsächlich auf eine paranormale Anomalie gestossen seien und dass es nach derzeitigem Wissensstand keine natürliche oder rationale Erklärung für den Vorfall gäbe.

Bei diesen Klienten hatten wir allerdings auch das erste Mal das Gefühl, dass sie die Vorkommnisse als belastend angesehen haben. Teilweise seien auch Schubladen von selbst aufgesprungen, wobei wir ehrlich zugeben müssen, dass wir diese Phänomene eines Poltergeistes nicht eindeutig nachweisen konnten.

Dennoch empfand ich die Klienten als eine sehr angenehme Familie und sie sollte nochmal in meinem Leben eine besondere Rolle spielen.

Mit diesem Projekt endete die parapsychologische Forschungsarbeit, vielleicht auch, weil die negative Haltung der Gesellschaft im Allgemeinen sehr belastend war und es ungeheuer schwierig machte, mit Motivation weiter zu agieren.
Ich vermute, dass die Zeit für viele Menschen noch nicht reif ist, um sich mit der Materie Geisterwelt und Paranormales zu beschäftigen.

Es gibt diese Phänomene und wir können dank technischer Hilfsmittel, dies auch nachweisen. Doch die Wissenschaft und auch die Gesellschaft in unserer heutigen Zeit, wehrt sich vehement gegen die Wahrheit.
Vielleicht auch, weil sie nicht gern über die eigene Grenze blicken wollen.
Viele Menschen in unserer Gesellschaft sind engstirnig und lassen nur ungern Dinge zu und zwar insbesondere deshalb, weil genau diese Vorkommnisse nicht in deren Vorstellungskraft hineinpassen.

Erst dann, wenn einmal eigene Erfahrungen auf diesen Gebieten gemacht werden, dann wird auch der ein oder andere unserer Gesellschaft erkennen, dass es dort draussen weit mehr gibt, als das, was wir uns vorstellen können.

Kapitel 6 – Lernen durch Schmerz

Man sagt, dass die markantesten Erinnerungen, die sind, bei denen wir die grössten Schmerzen erfahren haben. Jeder Mensch kennt das und jeder hat solche Erfahrungen irgendwann gemacht. Erinnerungen an eine Zeit, in der es mehr oder weniger schlecht lief.

Es gibt Menschen, da fiel das heftiger aus und wiederum andere, bei denen es eher harmlos verlief. Diese Erinnerungen verankern sich in unserem Unterbewusstsein und sie werden Teil von uns selbst.

Gerne möchten wir dies vergessen oder versuchen jedenfalls es zu vergessen, durch Verdrängung und innerliche Beseitigung, doch je intensiver das Erlebnis, desto schwieriger erscheint diese Taktik.

Nun auch in meinem Dasein gab es genau solch ein Erlebnis und was das Ganze mit Gesellschaft zu tun hat, werden Sie schneller erfahren, als es Ihnen lieb ist.

Nach der Trennung bzw. Auflösung der eigenen paranormalen Forschungsgruppe, verliess ich nun endgültig auch diese Thematik gedanklich.

Es war nicht sonderlich motivierend, Menschen von etwas zu überzeugen, von dem man selbst weiss, dass es existiert, da man am eigenen Leib diese Erfahrungen gemacht hat und diese einen selbst als Lügner und Scharlatan beschimpften.

Man kämpft quasi ständig gegen den Strom und das Glücksgefühl, von dem Maslow sprach in seiner Bedürfnispyramide, erreicht man auf diesem Weg sicherlich nicht.

Schliesslich wünscht sich doch jeder Mensch irgendwann genau dieses Gefühl. Resultierend aus der Anerkennung für seine Arbeit, für sein Tun oder sein Schaffen.

Aber in einer Welt, in der wir durch technische Hilfsmittel so ziemlich alles erreichen können, wird oft vergessen, dass es Dinge zwischen Himmel und Erde gibt, die wir auch durch Technik nicht beeinflussen können.

Ich bin zu der Überzeugung gelangt, dass man zwar versuchen kann, die Wahrheit den Menschen näher zu bringen, doch wenn diese stur an deren Meinung festhalten, dann gelangt man so auf keinen Fall ans Ziel.

Im Nachhinein denke ich, ist die Gesellschaft noch nicht bereit für solch ein brisantes Thema. Die Erfahrung am eigenen Leib wird es richten.

Doch so ist es ja meist. Erst wenn wir selber Teil dieser Erfahrung werden, wenn wir es am eigenen Körper spüren, beginnen wir nicht mehr daran zu zweifeln.

Auch wenn es oft schmerzhaft sein kann, bleiben solche Erinnerungen unendliche Zeit in uns selbst verankert.

Für mich selbst war es eine sehr wertvolle Erfahrung, da ich meinen eigenen Horizont erweitern durfte und ich mich selbst davon überzeugen liess, dass es ausserhalb unserer Vorstellungskraft Dinge gibt, für die wir keine Erklärung haben.

Es hat mir aber auch gezeigt, dass die Gesellschaft sehr speziell mit dieser Thematik umgeht.

Für sie erscheint es wichtiger und relevanter, wie man selbst in der Gesellschaft wahrgenommen wird.

Gedankengänge wie: „Was denken die anderen, wenn ich dies oder das tue?" sind dann keine Seltenheit.

Viele Menschen unserer Gesellschaft haben Angst vor der Reaktion dergleichen, denn es ist ihnen wichtig, in das Gesellschaftsbild zu passen.

Eigentlich eine sehr traurige Vorstellung, dass viele Menschen nicht ihr eigenes Leben leben, sondern vielmehr das der Gesellschaft.

Für viele existiert somit gar kein Leben, in dem sie frei entscheiden können. Und wenn dann einmal etwas Negatives passiert, glauben sie daran, dass die Gesellschaft sie beschützt, ihnen Geborgenheit gibt oder ihnen Lösungen aufzeigt?

Darüber sollte man sich wirklich einmal Gedanken machen und dann selbst entscheiden, ob man sein eigenes Leben gestalten möchte oder durch eine Gesellschaft bestimmen lässt. Und es handelt sich hier nicht um Einzelfälle. Über die Jahre habe ich sehr viele Personen kennengelernt, die einfach nur ihr Leben so gestalten, damit sie nicht gesellschaftlich an den Rand gedrückt werden.

Ein völlig risikoarmes Leben, ein Leben ohne besonderen Widerstand.
Für mich war das über zwanzig Jahre auch so. Man passt sich doch an und schon hat man es leichter. Aber will ich das überhaupt?
Ist es das Leben, was ich mir vorstelle, was ich mir wünsche? Der Buddhismus hat mich gelehrt, dass ich mir Gedanken machen soll über meine eigenen Gedanken. Jeder Mensch kann doch denken, was er möchte. Es kann mir persönlich egal sein, denn verändern kann ich es nicht.

Nun, durch die Erlebnisse und Erfahrungen in der Vergangenheit, war ich zu der Überzeugung gelangt, dass es jetzt nur noch aufwärts gehen kann.

Man-Ling hat mir einmal gesagt: „Dein Leben ist ein Kreislauf basierend auf Schmerz und Leid. Denke an die vier edlen Wahrheiten. Auch Du kannst Dich diesem Kreislauf nicht entziehen, es sei denn, Du durchbrichst ihn."

Was Leid bedeutet, war mir zu diesem Zeitpunkt noch gar nicht bewusst. Ich habe es bis dahin immer mit körperlichem Schmerz assoziiert. Hier sollte ich bald eines Besseren belehrt werden.

Die Erfahrungen brachten einerseits Positives mit sich, aber andererseits führte es auch zur Beendigung meiner eigenen Partnerschaft. Natürlich habe auch ich damals die Fehler beim Partner gesucht und nicht das eigene Handeln beurteilt.
Wenn eine Beziehung zerbricht, ist es selten die Schuld von nur einem Teil. Die Frage, die immer wieder im Raum steht, ist doch vielmehr der eigene Gedanke: „Wie lange lohnt es sich noch zu kämpfen und Zeit zu investieren, um eine gewünschte Änderung des aktuellen Ist-Zustandes zu erreichen?"

Buddha selbst sagt, dass „Loslassen" eine Möglichkeit darstellt, sein eigenes Glück zu finden. Wobei loslassen manchmal sehr schwierig sein kann und leichter gesagt ist.
Für mich war das Land, in dem ich aufgewachsen bin, in dem ich meine Jugend verbracht habe, in dem ich zur Schule gegangen bin

und meine Ausbildungen absolviert habe, auf einmal nicht mehr die Heimat.

Bereits zuvor wollte ich immer ein Leben, das auch etwas risikobehaftet war. Einfach mal neue Dinge probieren, nicht unbedingt nach der Norm leben, die durch unsere Gesellschaft definiert wird.

Auswandern ist in der heutigen Zeit ein beliebtes Thema. Viele versuchen diesen Schritt und hoffen auf ein besseres und entspannteres Leben. Oft ist es aber auch einfach nur eine Flucht in ein neues Leben. Man möchte das alte hinter sich lassen, nochmals neu anfangen.

In meinem Fall war das ähnlich. Ich blickte über die Grenze. Keine fünf Minuten war es mit dem Auto und schon stand man auf schweizer Boden.

Durch die politische Situation, und das wird wohl noch eine gewisse Weile so bleiben, ergab sich, dass die Schweiz vehement gegen eine Mitgliedschaft in der EU (Europäische Union) ist. Sie ist quasi neutral und hat kein Interesse daran, sich einer Gemeinschaft anzuschliessen, die letztlich die Regeln bestimmt. Dies ist unter anderem auch der Grund, warum die Schweiz den Euro als Währung noch nicht angenommen hat.

Die Schweiz war für uns Deutsche natürlich immer ein gefragtes Gebiet. Auch ich betrachtete dieses Land als Chance. Chance für etwas Neues. Alte Erfahrungen hinter sich lassen und nochmal völlig neu beginnen. Auch ich stellte mir das bedeutend leichter vor.

Zu diesem Zeitpunkt hatte ich immer noch regen Kontakt zu einer Familie in der Schweiz, bei der ich mit meiner damaligen paranormalen Gruppe die letzte Privatuntersuchung durchgeführt habe. Dass diese einmal mein Leben komplett verändern würde, war mir zu diesem Zeitpunkt nicht wirklich bewusst.

Ich kam mit ihnen sehr gut klar und es entwickelte sich über die Zeit eine wahre Freundschaft. Im Gegensatz zum bestehenden grossen Freundeskreis sollte diese Art Freundschaft in Zukunft noch viel tiefgreifender werden, als ich mir das jemals hätte vorstellen können.

Eigentlich waren diese Menschen mir völlig fremd, denn ich hatte sie ja erst kürzlich kennengelernt und dann auch noch, durch ein mehr oder weniger „berufliches Projekt", wobei es ja nicht mein Beruf war, sondern vielmehr ein Hobby.

Sie boten mir damals an, wenn ich einmal in Schwierigkeiten kommen sollte, dann könnte ich mich jederzeit an sie wenden.

Das sollte viel eher eintreffen, als mir lieb war.

Ich versuchte meine Auswanderungspläne kurzerhand umzusetzen ohne dabei zu bedenken, was alles hätte schiefgehen könnte.

Diese Familie hat mich direkt in einer „Über-Nacht-Aktion" bei ihnen aufgenommen. Einfach so und aufgrund des Versprechens, wenn es mal bei mir „brennen" sollte.

Und genau dieses Versprechen war es, das mir die Chance ermöglichte, in der Schweiz Fuss zu fassen.

Nun war ich also in der Schweiz, doch ohne einen festen Arbeitsplatz bewegt man sich einerseits auf sehr dünnem Eis und andererseits muss man irgendwie sein Leben auch dort versuchen zu bestreiten und zu finanzieren.

Als Tourist kann man sich drei Monate in der Schweiz aufhalten. Wer länger bleiben möchte, muss ein Genehmigungsverfahren über sich ergehen lassen, um an einen gewünschten Aufenthaltstitel zu kommen.

Doch so auf Druck und es war in der Tat ein Zeitdruck, ist es alles andere als einfach, einen begehrten Arbeitsplatz zu finden.

Denn die Zeit läuft gegen einen selbst und so ergab sich, dass eines Sonntagmorgens die Türklingel ertönte und zwei recht freundliche Polizisten vor der Haustüre standen und sich nach mir erkundigten.

Hier spürte ich das erste Mal die Härte des schweizer Staates. Die drei Monate waren abgelaufen und ich musste nun einen Aufenthaltstitel oder zumindest einen gültigen Arbeitsvertrag vorweisen. Da dies nicht der Fall war, teilten sie mir unmissverständlich mit, dass ich aufgrund dessen, das Land nun verlassen müsste.

In Deutschland hatte ich keine Wohnung mehr und in der Schweiz durfte ich aus ausländertechnischer Sicht nicht mehr bleiben. Dann erst wurde mir die Tragweite meiner derzeitigen Situation erst richtig bewusst.

Wo soll ich nun hin? Wie wird das nun weiter gehen? Und geht es überhaupt irgendwie weiter?

Ich hatte unzählige Fragen, doch für die Gesetzeshüter war der Fall völlig klar. Kein Arbeitsvertrag – keine Aufenthaltsgenehmigung – kein Aufenthaltsanspruch. Sie fuhren mich nach kurzer Zeit wieder an die deutsche Grenze, da ich deutscher Staatsbürger bin und legten mir nahe, mich direkt an den deutschen Staat zu wenden. Erst wenn ich einen Arbeitsvertrag vorweisen könne, hätte ich auch eine Chance auf eine Aufenthaltsgenehmigung.

Die Situation zu beschreiben oder zumindest das, was in einem vorgeht, lässt sich kaum in Worte fassen. Wieder etwas, das man selbst erleben muss, um es auch nur im Entferntesten nachvollziehen zu können.

Aussagen, wie: „Ich kann mir das vorstellen!" ist an dieser Stelle völlig unangebracht. Man kann es sich nicht vorstellen. Wie soll das auch gehen, wenn man es selbst nicht erlebt hat?

Nun war die Situation die, dass ich das Sozialsystem in Deutschland ganz gut kannte und wandte mich in erster Linie an die entsprechende deutsche Behörde, die für Sozialfälle zuständig war.

Schliesslich habe ich eine ganze Zeit in eine Sozialkasse einbezahlt. Und das, falls es mal zu einer Situation wie dieser kommt, sollte ich doch den Anspruch auf Leistungen erhalten.

In der Theorie klingt das alles sehr schön. Dass die Praxis von dieser schönen Theorie abweichen sollte, ist eine mehr oder weniger unschöne Erfahrung, auf die man gut verzichten kann.
Monatlich wurden mir, wie jedem Arbeitnehmer, Sozialversicherungen abgezogen, um in solch einem Fall abgesichert zu sein.

Mit recht positiven Erwartungen bin ich also bei der Behörde aufgelaufen und schilderte in kurzen Worten meine Misere. Dass es in der Tat eine Misere war, wurde mir in nicht einmal fünf Minuten erklärt.

Da ich zu diesem Zeitpunkt keinen festen Wohnsitz mein Eigen nennen konnte, meinte die Sachbearbeiterin kurz und bündig, dass ich keinen Anspruch auf die Leistungen hätte.

In diesem Moment wusste ich erst einmal nicht, was ich erwidern sollte.

Sie meinte schliesslich, nachdem sie in mein ratloses Gesicht blickte: „Also in diesem Fall gelten Sie wohl als obdachlos."

Wie jetzt? Obdachlos? So nennt man das wohl, wenn man keinen festen Wohnsitz hat. Mir war der Begriff schon klar, doch hatte ich bis jetzt mir über solch einen Umstand nie Gedanken gemacht. Obdachlos sind doch diese Menschen, die durch ihre eigene Schuld auf der Strasse gelandet sind.

Wie die meisten Menschen hatte auch ich überhaupt keine Ahnung von Obdachlosigkeit. Man kann nicht einmal annähernd mitreden. Denn wer das nicht erlebt hat, weiss überhaupt nicht, wovon ich hier spreche.

Vor einem Monat noch gutes Geld verdient und auf einmal sitzt man auf der Strasse und man bekommt keinerlei soziale Leistungen, wenn sie dringend benötigt werden.

Funktioniert so das System?

Es stellen sich einem Fragen, für die man meist keine Antworten bekommt.

Von einer Sekunde auf die andere steht man auf der anderen Seite der Gesellschaft und wird automatisch so behandelt. Es ist genau unsere Gesellschaft, die einen in solch einer Situation behandelt, wie wenn man nichts wert ist.

Dass man etliche Jahre in eine solche Sozialkasse einbezahlt hat und am Ende aufgrund einer kleinen gesetzlichen Grundlage leer ausgeht, zieht einem den Boden unter den Füssen weg.

Durch meine Ausbildung im Buddhistischen Zentrum habe ich gelernt, Lösungen zu finden. Doch wie sieht die Lösung in solch einem Fall aus? Gibt es überhaupt eine Lösung?

Wie reagiert man nun? Selbstverständlich kommen einem gleich, wie auch in meinem Fall, Menschen in den Kopf, die man fragen könnte, die man um Hilfe bitten könnte.

Diesen Weg bin auch ich gegangen. Das Resultat war sehr ernüchternd. Ich wurde in der Gesellschaft als nutzlos, ja sogar als wertlos betrachtet.

Ich kam nicht Drumherum, denn ab sofort musste ich mich zum Kreis der Obdachlosen zählen. Allein die Vorstellung war kaum zum Aushalten.

Menschen, die mir in meinem bisherigen Leben etwas bedeuteten, liessen mich wie eine heisse Kartoffel fallen.

Hilfe zu erwarten, wenn man sie braucht, ist ein grosser Fehler. Das musste auch ich erkennen. Wo sind sie, die wahren Freunde, wenn man sie braucht?

Im Notfall ist keiner da, der Dir unter die Arme greift. Ich hatte einen sehr grossen Freundeskreis und selbst wenn man diesen noch um den familiären Kreis erweitert, könnte man meinen, dass man genau in solch einer Situation Unterstützung erfährt.

Nicht ein Mensch war dabei, von dem ich behaupten könnte, er hätte mich aus dem Sumpf geholt.

Am Ende ist man allein und wenn man sich selbst nicht hilft, die Gesellschaft verurteilt Dich, anstatt sich einmal Gedanken zu machen und zu fragen, wie konnte es soweit kommen.

Es interessiert niemanden da draussen. Solange Du funktionierst und nach ihren Regeln lebst, bist Du wertvoll, aber sobald Du dein eigenes Leben leben möchtest und einfach nur frei sein möchtest, dann bist Du plötzlich ein „Niemand", ein Stück „Dreck".

Ich habe es am eigenen Leib erfahren. Nicht ein Mensch opferte sich, also musste ich selbst schauen, wie ich die Situation in den Griff bekommen könnte.

Fakt war, dass sich aufgrund der Obdachlosigkeit alle Menschen zurückgezogen haben, mit denen man jemals Kontakt hatte.

Jeder war zu beschäftigt, um wenigstens eine kleine Hilfe zu bieten.

Das war der Zeitpunkt, an dem auch ich mir Gedanken gemacht habe, ob man solche Menschen dann noch als Freunde bezeichnen darf. Selbst die eigene Familie zog sich zurück und es kümmerte niemanden, ob man auf der Strasse lebt und dort stirbt. Eine völlig egoistische Einstellung, die ich bis dato nicht kannte.

Lediglich eine Familie hob sich hervor. Eine, mit der ich gar nicht mehr gerechnet habe und das war die Familie aus der Schweiz. Wie anfangs erwähnt, waren diese Fremden die Einzigen, die, obwohl sie selbst nicht viel hatten, Hilfe angeboten hatten. Sie gaben das, was sie hatten und wenn solche Menschen existieren, die alles geben, um jemanden zu unterstützen, dann fragt man sich schon, wie unsere Gesellschaft eigentlich funktioniert.

Menschen, die völlig fremd sind unterstützen mich, wo man es mehr von Freunden oder Familie erwartet. Doch die Realität hat mich gelehrt, dass man im Worst Case Hilfe von niemandem erwarten kann. Und doch gibt es Menschen, wie diese eine Familie, die sich opfern und alles dafür tun würden, um nur einen einzigen Menschen aus der Misere zu befreien.

Mein Bild für Menschen hat sich sehr stark gewandelt und das sind Situationen, die vergisst man sein ganzes Leben nicht.
Um den Status des Obdachlosen kam ich nun nicht mehr herum, also brauchte ich als erstes einmal einen Platz zum Übernachten. Die Behörde teilte mir mit, dass es entsprechende Unterkünfte für Obdachlose gäbe. In meinem Ort gab es hiervon zwei.
Eines wurde geführt von einem ehemaligen Bekannten, mit dem ich in früheren Tagen, das ein oder andere Outdoor-Projekt

veranstaltete. Durch ihn hatte ich eine Chance in ein Wohnheim zu kommen, dass er auch als Hostel betrieb.

Zu dieser Zeit waren ca. 30 Personen dort untergebracht und auf 20 qm grossen Zimmern lebten jeweils ca. 6-8- Leute.

Für einige Tage ist das völlig in Ordnung. Drogen- und Alkoholmissbrauch bestimmten den Tagesablauf der meisten Bewohner. Zukunft oder Visionen hatten diese Menschen schon lange nicht mehr. Sie waren, wie ich, ganz unten in der Gesellschaft angekommen.

Weiter nach unten ging nicht. Jeder lebte vor sich hin, wenn man das noch „Leben" nennen kann.

Man war Mensch der untersten Klasse. Ich hatte einen festen Schlafplatz. Das war mehr als ich erwarten konnte.

Ein Dach über dem Kopf ist das Schönste, was einem widerfahren kann. Dies war eine Art Luxus, den man erst erlernen muss.

Die Situation war dennoch sehr angespannt, denn durch die Aufenthalte, stieg die Aggression der Bewohner.

Alkohol, Drogen, Streitereien, mangelnde Körperhygiene gehörten zum Alltag. Eigentlich war es wie ein Gefängnis, nur hatten wir keine Gitterstäbe.

Ich musste lernen, dass ganz alltägliche Dinge auf einmal nicht mehr präsent waren. Soziale Leistungen gab es keine, denn ein Obdachlosenwohnheim gilt nicht als festen Wohnsitz.

Es ist einem peinlich, Teil davon zu sein, aber ich habe mich mit dieser Situation mehr oder weniger arrangiert.

Der einzige Kontakt, der blieb, war die Familie in der Schweiz. Sie gaben mir den Halt, den ich in dieser Zeit am meisten brauchte. Niemand sonst kümmerte es, wie es einem geht, was man macht oder ob man etwas bräuchte.

Immer wieder gingen mir Gedanken durch den Kopf, die mich schier in den Wahnsinn trieben. Keine zwei Monate ist es her gewesen, da war ich noch als Weiterbildungsdozent und Coach tätig und habe ganz gut damit verdient und auf einmal bin ich obdachlos und lebe mit alkohol- und drogenabhängigen Menschen auf kleinstem Raum.

Eine Vorstellung, die mir bis dahin völlig fremd war und ich misse diese Zeit nun im Nachhinein nicht wirklich.

Der Tagesablauf war geprägt von psychischem Druck, denn ich selbst war dieses Leben nicht gewöhnt und es war in meinen Augen auch kein Leben.

Für Obdachlose gab es eine Stelle, an die man sich wenden konnte, um Bargeldleistungen zu beziehen. Dies waren pro Woche 16 Euro. Damit musste man klarkommen.
Wenn man bedenkt, dass eine einfache Busfahrt in die Stadt bereits 1.20 Euro kostete, dann musste man schon sehr gut haushalten.
Ich habe damals mit 2 Euro pro Tag gerechnet, weil für sehr viel mehr hat das Geld nicht ausgereicht.
Ein Telefon konnte ich mir nicht leisten, geschweige denn neue Sachen zum Anziehen.
Selbst der Wunsch einen Arbeitsplatz zu bekommen, geriet in weite Ferne. Sämtliche Bewerbungsunterlagen lagen nicht mehr vor, das Geld fehlte vorne und hinten und erst wenn man einmal diese Situation live erlebt, wird jeder Tag ein neuer Überlebenskampf.

Hilfe von aussen war nicht zu erwarten. Der psychische Druck wurde immer stärker. Während sich viele Bewohner mit Alkohol und Drogen versorgten, waren andere mit Depressionen und Suizidgedanken beschäftigt.

Eine Welt, die mir so fremd war, wie die ehemaligen Freunde, die keine sind.

Dadurch, dass der Hostelbesitzer noch eine Werkstatt für Motorräder betrieb, konnte ich hin und wieder dort aushelfen und etwas Geld dazuverdienen.

Das erste Geld nach über 2 Monaten aus eigener Kraft. Dieses Geld sparte ich schön an, denn mein Ziel war ganz klar. Ich wollte aus diesem Sumpf ausbrechen, wieder ein normales wertvolles Leben bestreiten.

Das Geld für den Bus sparte ich mir und lief meist in die Stadt, auch wenn ich da oft länger als 45 Minuten unterwegs war.

Alkohol und Drogen waren für mich nie ein Thema und ich war auch nicht sonderlich scharf darauf, es zu probieren.

Nur das wirklich nötigste wurde ausgegeben, gerade soviel, um zum Überleben.

Allmählich konnte ich mir nach über 3 Monaten wieder normale Kleidung kaufen und über einen langjährigen Kunden, für den ich über 7 Jahre erfolgreich tätig gewesen bin, habe ich wieder die ersten Bildungsprojekte bekommen. Es war zwar nur ein halber Tag, aber ich war über jede positive Entwicklung dankbar.

Und Positives gab es in diesem Hostel nun wirklich nichts.

Allmählich ging es wieder langsam aufwärts. Aus den Halbtages-Projekten wurden Ganztagesprojekte.

Entsprechend stieg der Lohn natürlich auch. Ich konnte mir wieder eine Krankenversicherung leisten, die zuvor nicht möglich war.

Durch ein Gespräch mit dem Senior Manager, mit dem ich einen sehr guten Kontakt pflegte während meiner aktiven Coachingzeit, bot er mir einen Arbeitsplatz im technischen Support an. Die Firma würde sich in der Schweiz befinden und ich konnte es kaum fassen. Auch wenn der Arbeitsbereich nicht unbedingt der war, den ich für meine Zukunft mir vorstellte, war es doch die Chance auf ein neues Leben, ein Leben, wie ich es mir ausmalte.

Letztlich zählte für mich nur, aus der Obdachlosigkeit endlich wieder auszubrechen, weil es mich körperlich und psychisch zerstörte.

Auch ich hatte meine Erfahrungen mit Suizidgedanken während dieser Zeit, sowie depressiven Episoden. Doch es lohnt sich gnadenlos dagegen anzukämpfen.

Nun stand also die Chance meines Lebens vor meiner Haustüre und ich ergriff diese einmalige Gelegenheit.

Ich erhielt einen Grenzgängerausweis für die Schweiz und erarbeitete mir Step by Step den Aufenthaltstitel, den ich unbedingt besitzen wollte.

Dabei durchlief ich ein sechswöchiges Ausbildungsprogramm, bei dem ich allerdings bereits vollen Lohn erhielt.

Durch diesen Umstand konnte ich mir meine erste Wohnung auf schweizer Boden sichern.

Damit hatte ich alle Voraussetzungen, um an einen Aufenthaltstitel zu kommen. Arbeitsvertrag, Krankenversicherung und Wohnung.

Mehr brauchte es nicht und letztlich konnte ich meine Koffer packen, wobei es vom Obdachlosenwohnheim nicht wirklich viel zu packen gab.

Ich hatte es in der Tat geschafft, mein Leben auf der Strasse zu verlassen und wieder in ein lebenswertes Leben einzutauchen.

Hoffnung breitete sich wieder aus und allmählich konnte ich mir wieder einen gewissen Lebensstandard kaufen.

Es ging stetig aufwärts und ich habe eine Lebenserfahrung hinter mir, die einem nicht mehr genommen werden kann.

Nach ca. einem halben Jahr scheint sich das herumgesprochen zu haben, dass ich mich wieder unter den Lebenden befand und die meisten aus meinem Bekanntenkreis informierten sich und fragten nach, wie es denn so ginge.

Doch auch ich habe aus der Erfahrung gelernt und entsprechend reagiert.

Als ich obdachlos wurde, hat es keinen Menschen interessiert, wie ich lebe und wie es nun weitergehen soll.

Jeder hat sich abgewandt, nur weil ich auf einmal nicht mehr gesellschaftsfähig war. Ich war auf der anderen Seite der Gesellschaft.

Und jetzt, wo diese Menschen sehen, dass es wieder aufwärts geht, kommen sie wie ein Schakal angekrochen.

Mit solchen Menschen wollte ich keinen Kontakt mehr. Wer nicht da ist, wenn es mir schlecht geht, der muss auch nicht da sein, wenn es mir besser geht.

In der Not erkennt man das wahre Gesicht von Freunden. Und da gab es nur eine Familie. Eine, die ich erst ganz zum Schluss kennenlernen durfte und eigentlich am kürzesten kannte und genau diese Familie war da, als ich sie brauchte.

Es ist schön, zu erkennen, dass es noch Menschen auf dieser Erde gibt, die bereit sind ihr sprichwörtliches „letztes Hemd" zu geben, obwohl sie selbst nur wenig besitzen und andererseits beschämend zu erkennen, dass Menschen, die man glaubt zu kennen, keinen Schritt auf einen zukommen würden.

Eine höchst schmerzhafte Erfahrung, allerdings nicht körperlicher Art, sondern eine völlig neue oder zumindest für mich neue Erkenntnis des Leidens.
Zu diesem Zeitpunkt habe ich eine völlig neue Sichtweise unserer Gesellschaft erhalten.
Wenn ich das nun einmal mit der Grunddefinition des Begriffes „Gesellschaft" aus Kapitel 1 vergleiche, dann frage ich mich doch schon, ob wir da nicht den ein oder anderen Gedanken darüber verlieren sollten.

Eigentlich eine völlig traurige Entwicklung, denn wir glauben, dass wir wissen, wie es ist, wenn man einmal in die Obdachlosigkeit hineinfällt. Aber weit gefehlt.

Wir beschäftigen uns viel zu wenig mit der Thematik. Man schaut eher weg, denn es ist ja peinlich. Erst durch eigene Erfahrung bekommt man überhaupt einen Einblick in diese Materie.
Sobald man in diese Welt eintaucht, wird man erkennen, wie schwierig es sich gestaltet, aus diesem Teufelskreis auszubrechen.

Und in den meisten Fällen rutschen Betroffene nicht einmal durch Eigenverschulden in diese schier aussichtslose Situation.

Und niemand ist sicher vor solch einer Entwicklung. Heute noch Bankmanager oder Abteilungsleiter und morgen schon auf der Strasse.

Jeder sollte sich darüber einmal Gedanken machen, dass das Leben ganz schnell anders aussehen kann. Und auf solch eine Lebenslage ist man nicht vorbereitet.

Man ist ihr quasi hilflos ausgeliefert. Kein Mensch kann von sich behaupten, dass so etwas ihm selbst nicht passieren kann. Oft denken wir, dass wir nie in eine solche Situation geraten können.

Es kann so schnell gehen und es ist, wie wenn man sich in einem Teufelskreis befindet und vertrauen Sie niemals darauf, dass Sie von der Gesellschaft aufgefangen werden oder Ihnen gar Unterstützung widerfährt.

Vielleicht haben dann auch Sie das Glück, eine Familie zu kennen, die Ihnen in solch einer Lage unter die Arme greift oder einfach nur da ist, wenn Sie sie brauchen.

Ob das dann die eigene Familie ist – darauf würde ich mich nach eigener Erfahrung nicht blind verlassen.

Kapitel 7 – Ruf der Berge

Lebenserfahrung sammeln wir durch tägliche Kommunikation mit unserem Umfeld. Sei es nun in der Schule, ja bereits im Kindergarten oder auch später mit jeder Berufsausbildung, Studium, aber auch bei allem, was wir tun.
Jeder neue Tag gibt uns diese Lebenserfahrung mit auf den Weg. Bei einigen Dingen kommt ein gutes Stück hinzu, bei einigen eher nur stückchenweise.

Als Jugendlicher, während wir in der pubertären Phase, auch Adoleszenzphase genannt, sind, entwickeln wir uns langsam zu einem erwachsenen Menschen.

In jeder dieser Phasen bilden wir spezielle Stärken, aber natürlich auch Schwächen, sowie Charaktereigenschaften. Diese werden meist durch unseren Freundeskreis beeinflusst.

Aber auch Interessengebiete werden tief in uns drin entwickelt. Oft haben wir diese Interessen in uns verankert, ohne es wirklich zu wissen. Denn ohne das eigentliche „Probieren" werden wir es nie erfahren, ob wir einmal später ein begründetes und wahres Interesse daran haben werden.

Auch ich bin um diese Entwicklung nicht herumgekommen. In meinem bisherigen Leben empfand ich es stetes als höchst spannend neue Dinge auszuprobieren, neue Wege zu bestreiten, Risiken einzugehen und immer am Grad dessen, was die Gesellschaft für leichtsinnig oder dumm hält.

Doch ist es dumm, auch einmal Dinge zu probieren, die über unsere persönlichen Grenzen hinausgeht?

Oder wollen wir immer nur in unserer gewohnten Umgebung agieren und stets uns selbst überwachen, damit die Gesellschaft nicht über uns urteilt und uns verurteilt? Müssen wir stets das deklarieren, was wir tun und was wir sagen? Gehört es zu unseren Aufgaben, immer wieder uns zu rechtfertigen vor Menschen, die vielleicht nur einen kleinen Teil von uns selbst kennen?

Jeder Mensch ist ein Individuum und jeder von uns hat das Recht sein Leben so zu gestalten und zu formen, wie er es für richtig hält. Dabei darf natürlich nicht ausser Acht gelassen werden, dass bei dem ganzen Individualismus niemand zu Schaden kommen darf.

Aber es soll nicht verwerflich sein, sich dem hinzugeben, worauf jeder Einzelne gerade Lust verspürt.

Über die Jahre habe auch ich meine Interessen verlagert, teilweise komplett verändert und auch meine gesamte Denkweise in eine vollständig neue Richtung gelenkt.
Doch woher kommt solch ein Wandel?
Wir Menschen sind Gewohnheitstiere. Wir agieren oft motorisch, also tun wir oft Dinge, die völlig automatisch von statten gehen. Es findet keinerlei Überlegung vorher statt.

Sie kennen das auch. Wenn ich Sie frage, mit welcher Hand Sie eine Zimmertüre öffnen, dann müssen auch Sie erst einmal überlegen. „Stimmt, mit welcher Hand öffne ich die Türe eigentlich?"

Wir öffnen Türen immer so, dass wir uns dabei nicht selbst den Weg beim Öffnungsvorgang versperren. Dabei überlegen wir nicht, sondern handeln instinktiv. Es passiert einfach.

In unserem Leben haben wir viele solche Situationen. Wiederholen wir bestimmte Aktionen oder Gesten, so finden diese irgendwann vollständig automatisiert statt, sodass wir nicht mehr darüber nachdenken müssen.
Die Natur hat es da schon sehr gut mit uns gemeint, doch dadurch entsteht natürlich irgendwann einmal eine bestimmte Form der Langeweile.
Wie beispielsweise bei einem Fabrikarbeiter, der an einem Fliessband steht und den ganzen Tag immer den gleichen Handgriff macht. Oft werden in solchen Arbeitsstätten nach einer bestimmten Zeit der Wiederholungen Pausen eingelegt, da das Gehirn sonst abstumpft.

So würde unser gesamtes Leben dann auch ablaufen, wenn wir Tag für Tag, Jahr für Jahr, immer die gleichen Tätigkeiten machen würden. Es kommen nie neue Eindrücke hinzu und wir können uns dann auch für neue Dinge und vor allem uns unbekannten Dingen nicht öffnen und begeistern.
Kurzum, das Leben würde sehr schnell langweilig werden.

Ich habe in meinem Leben immer neue Herausforderungen gesucht und aufgrund meiner Entwicklungsphase als Kind und auch
später als Jugendlicher, wurde ich sehr früh mit der Natur konfrontiert.

Hier ist das Wort „Konfrontation" eigentlich nicht ganz korrekt, da es oft den Beigeschmack von etwas Negativem besitzt.

In meinem Fall war es nicht unbedingt negativ anzusehen, zumindest aus heutiger Sicht. Als Kind urteilt man oft falsch, aber es definiert stets den Blickwinkel aus dem Urteilsvermögen eines Kindes.

Meine Eltern haben zu Lebzeiten viel Energie in uns Kinder investiert. Sie wollten uns eine schöne Zukunft bescheren und wir haben sehr viel mit ihnen erleben dürfen.
Andere Kinder auf dieser Welt haben leider nicht dieses Glück gepachtet.
Mein Vater selbst war jemand, der sich stets in der Welt der Berge wohlfühlte. So ergab es sich, dass wir immer im Wechsel einmal einen Urlaub in den Bergen buchten und einen am Meer. So sollte jeder von uns auf die Kosten kommen. Eine durchaus schöne Idee und wir Kinder hatten dadurch die Möglichkeit, viel von der Welt kennenzulernen.

Als Jugendlicher empfand ich die Bergwelt immer als sehr mühsam, denn wir liefen oft viele Stunden, um dann irgendwo auf einem Gipfel etwas zu essen, um dann später wieder abzusteigen.

Es war für mich mühsam, langweilig und irgendwie auch sinnlos. So im Alter von ca. 12/13 Jahren konnte ich in keinem Moment nachempfinden, was mein Vater an den Bergen fand.

Erst als ich älter war und die Berge mich eigentlich in keinster Weise berührten, machte ich hierbei ungewollt einen grossen Bogen. Es kam nie der Gedanke auf, das, was vor der Haustüre sprichwörtlich lag, auszusuchen. Auch ich bin träge geworden, denn es war ja viel angenehmer, auf der heimeligen Couch zu bleiben und die Fernbedienung des Fernsehers zu steuern.

Meine Frau hatte damals ein gewisses Faible für die Südtiroler Alpenwelt, da sie im Landschulheim mit ihrer Schulklasse dort eine Woche verbracht haben.

Finanziell war es ihr nie möglich gewesen, dort nochmals einen Besuch abzustatten und innerhalb unserer Beziehung, war es nun möglich geworden und so ergab es sich, dass wir für einige Tage nach San Magdalena in der Region Villnöss in Südtirol an der Geissler Gruppe unsere Zeit verbrachten.

Ich erinnere mich noch sehr gut, als wir den zweisprachigen Teil Südtirols erreichten. Das berühmte Schild, auf dem „Alto Adige" zu lesen war.

Es war wie das Öffnen eines unbekannten Buches. Eine Welt, die mir nie so bewusst geworden ist.

Dort standen wir, mitten im Rosengarten an den Geissler Spitzen.

Doch was ist der Rosengarten?
Hierzu möchte ich eine kleine, aber wahre Sage hinzufügen:

Es gab einmal einen jungen Burschen, namens Laurin. Dieser Laurin war schwer verliebt in ein junges Mädchen. Der Vater des Mädchens war aber gegen diese Beziehung und verbot ihr den Umgang mit Laurin.
Eines Tages entführte Laurin das junge Mädchen und versteckte es in den Bergen. Genauer gesagt unterhalb der heutigen Geissler Gruppe. So konnte der Vater aber das Mädchen leicht finden. Damit dies nicht so geschah, verzauberte Laurin alle umherliegenden Steine in rote Rosen. In diesem Meer von Rosen konnte der Vater seine Tochter nicht mehr finden.
Seither heisst dieses Gebiet „Rosengarten".

Dieser Rosengarten ist der Inbegriff für Südtirol. Eine unvergessliche Wand voll spitzer Felsen. Wenn man das einmal vor Augen hat, dann vergisst man dieses Bild nie wieder.

An diesem Tag wurde ein Interesse in mir geweckt, das tief in mir schlummerte. Ich erinnerte mich wieder an die Zeiten, in denen ich mit meinem Vater alle zwei Jahre in den Alpen unterwegs war.

Doch auf einmal war das Interesse so stark, so fordernd. Die Bergwelt hatte mich gepackt. Diese geologischen Formationen, die einfach nur da sind und von denen man sich kaum abwenden kann. Sie strahlen eine ungeheure Faszination aus und haben etwas Majestätisches.

Auf der Heimfahrt habe ich oft an diese Berge gedacht. Südtirol wurde nun zu einem Thema. Ich kann auch heute noch nicht richtig beschreiben, was es in mir ausgelöst hat.

Ich wollte mehr über diese Welt erfahren. Es war wie eine Sucht, ja quasi ein Verlangen.

An jenem Tag wurde der Grundstein für etwas gelegt, dass mein Leben komplett verändern sollte und meine Einstellung zu Natur und Mensch noch später schärfen sollte.

Meine ersten eigenen Bergerfahrungen im Erwachsenenalter machte ich mit dem Säntis, einem Berg im Appenzeller Land. Für mich damals schier unerreichbar, aber dennoch zog es mich auf den Gipfel.

Dort oben wollte ich stehen, aber nicht die Bergbahn benutzen. Das empfand ich als völlig verwerflich. An diesem Berg lernte ich Höhe, Kälte, Laufen und Angst kennen.

In den ersten Phasen hatte ich schwer mit Höhenangst zu kämpfen und durch ständiges Auf- und Ablaufen konnte diese Angst immer mehr genommen werden.

Inzwischen habe ich diesen Berg so um die 25-mal bestiegen, kenne jeden einzelnen Stein und finde immer noch eine ungeheure Faszination, die von ihm ausgeht.

Mit der Zeit kamen höhere Berge in der Umgebung dran.

In mir wuchs der Drang, in die Fussstapfen bekannter Bergsteigerlegenden zu treten. Schneller, höher, weiter – es reichte nicht aus. Es musste doch noch höher hinausgehen.

Doch es fehlte an Equipment, Training und Wissen. In einer Bergsteigerschule lernte ich genau dieses Wissen in Theorie und Praxis. Wir lernten mit Eispickel, Eisgerät, Steigeisen und Eisschrauben umzugehen. Kannten die wichtigsten Knoten für eine Bergung und lernten den Berg von einer völlig anderen Seite kennen. Erste Begegnungen mit Gletscherfeldern, Gletscherspalten und dem Laufen auf Schnee und Eis folgten und auf einmal befand ich mich in einer ganz anderen Welt, als ich sie in Südtirol empfand.

All das Wissen und die Fähigkeit, sich korrekt am Berg zu bewegen und zu verhalten, lernte ich damals im Stubaital kennen.

Ich investierte Stück für Stück Geld in Bergsteigermaterial. Erst einmal etwas günstiger, dann immer professioneller.

Mein Interesse für diese Welt und für die Faszination „Berge" wuchs immer mehr und allmählich konnte ich meinen Vater verstehen. An jenem Punkt hatte ich mir nichts sehnlicher gewünscht, als das ich noch einmal mit meinem Vater gemeinsam einen Gipfel erklimmen könnte. Doch seine Beine wollten da nicht mehr mitmachen.

Als ich dann die ersten Dokumentationen im Fernsehen sah, indem es um die Besteigungen von wahrhaftigen Riesen ging und ich mehr und mehr über die Regionen des Himalayas, Patagoniens und des Karakorums erfuhr, wuchs eine unbändige Sucht in mir.

Da war die Rede von den höchsten Bergen der Welt. Berge, die wir in den Alpen nicht haben. Es war von schier unglaublichen Zielen die Rede, wie dem Mount Everest, K2, Nanga Parbat, die Rupalwand, die Diamir-Flanke oder der Lhotse Ostwand. Dort, wo der Buddhismus zuhause ist.

Alles enorme Höhen von über 8'000 m. Ich las Bücher über Bücher.

Insbesondere die Berichte und Biografien von Reinhold Messner hatten es mir angetan, aber auch die von Hermann Buhl und Hans Kammerlander.

Reinhold Messner war für mich stets ein Mann, der völlig unbeirrt durch die Meinung seiner Mitmenschen einen Weg eingeschlagen hat, der oft als „Wahnsinn" bezeichnet wurde. Ihn hat es nie gekümmert, was andere über ihn dachten. Er ging seinen Weg, ist oft gescheitert und hat nie aufgegeben. Er hatte alle vierzehn Achttausender ohne künstlichen Sauerstoff bezwungen, was mich damals schon unheimlich faszinierte.

Das Höhenbergsteigen, dieses extreme Besteigen, setzte sich in meinen Kopf und ist bis heute nicht schwächer geworden.

Es ist wie eine Sucht, wie eine Droge und denkt man darüber nach, so finden viele Menschen unserer Gesellschaft hier keinen Sinn.

Ja richtig, keinen Sinn. Ungefähr in der Weise, in der ich das Ganze noch vor Jahren betrachtete. Es waren für mich unerreichbare Ziele. Ziele, die dort oben liegen. So nah dem Himmel und so gefährlich, denn der Weg führt unweigerlich ab 8'000 m durch die bekannte Todeszone, in der unser Körper sich selbst verzehrt, weil der Sauerstoffgehalt so minimal ist, dass wir eigentlich nicht über längere Zeit dort existieren können. Vielleicht war es deshalb so faszinierend, weil diese Ziele so nah und doch so weit waren. Und parallel dazu war auch mir das völlig klar, dass wir in Höhen wie diesen mit unserem eigenen Leben Roulette spielen.

Doch welch Drang uns Menschen auf solche Höhen antreibt, können oft nur diejenigen beurteilen und vor allem nachempfinden, die jemals die Berge selbst so nah gespürt haben.

Dennoch waren Ziele im Himalaya so unerreichbar, ganz zu schweigen von den immensen Kosten, die auf einen zukommen. Allerdings sind solche Projekte auch so umfangreich, dass man durchaus von einem logistischen Meisterwerk sprechen kann.

Sechs Wochen ist man bei solchen Expeditionen am Berg, lebt und schläft dort und ist der Natur völlig ausgesetzt.

Viele Menschen in unserer Gesellschaft verurteilen dies, weil sie es nicht nachvollziehen können. Jeder baut sich quasi seine eigene Geschichte hierzu, obwohl die meisten keinerlei Ahnung von dieser Materie haben.

Grundsätzlich gilt, wer nie in solchen Höhen war, dem obliegt es nicht, über andere zu urteilen, ob es sich nun um Sinn oder Unsinn handelt. Es ist richtig, dass jeder die Gefahren kennt und der Erstbesteiger des Mount Everest, Edmund Hillary, wurde einmal gefragt, warum er auf solch einen hohen Berg steigt.

Hillary antwortete: „Weil er da ist."

Eine sehr kurze, dennoch prägnante Antwort. Genau, weil er nun mal da ist. Es liegt in unserer Natur, Dinge zu entdecken und über unsere Grenzen hinaus zu gehen.

Wer einmal einen Rundumblick von der Spitze des höchsten Berges unserer Erde gesehen hat, der wird verstehen, welche Anziehungskraft dieser Berg auf uns Menschen haben kann.

Es gibt soviel Gipfel auf unserer Erde, da hätten wir Menschen nun wirklich genügend Platz, doch fokussieren wir stets die steilsten, schwierigsten und höchsten Exemplare.
Ich persönlich konzentrierte mich da eher auf die Alpen. Auch hier hat es recht anspruchsvolle Modelle. Es gab hier insbesondere einen Berg, der es mir in jeglicher Hinsicht angetan hat.
Und das war der im französischen Chamonix liegende „Mont Blanc", was übersetzt so viel bedeutet, wie „Weisser Berg".
Der Mont Blanc hat eine Höhe von 4'810 m und ist der höchste Berg der Alpen, nicht aber, wie viele meinen, Europas. Dies wäre der Elbrus im Kaukasus in Russland.

Allein das Bild des Mont Blanc hat mich, seit ich ein Faible für Berge entwickelte, immer schon gefesselt. Ein komplett in Schnee gefasstes Gebilde, so majestätisch und ehrfürchtig steht er da. Einmal wollte ich auf der Spitze stehen, auf dem höchsten Punkt der Alpen. Bergsteiger sprechen oft vom „Dach der Alpen".
Es muss einfach unbeschreiblich sein, da oben zu stehen und hinunter zu blicken. Man befindet sich quasi dann auf einem Punkt, an dem nichts höher ist, als da, wo man steht.
Ein Gefühl muss sich da breitmachen, das man wohl kaum in Worte fassen kann.

Ich wollte das einmal persönlich spüren.
Mein Umfeld verurteilte dieses Projekt als Wahnsinn, Selbstmord und Idiotie. Richtig ist, dass es jedes Jahr zu vielen Todesfällen am Mont Blanc kommt, denn selbst auf dieser Höhe herrschen Temperaturen bis -30°C, von Lawinen einmal ganz abgesehen.

Dennoch hat er mich begeistert und ich startete meinen ersten Versuch.

Damals startete ich von dem französischen Talort „Le Fayet". Von dort ging es mit der immer noch existierenden historischen Zahnradbahn auf den eigentlichen Ausgangspunkt „Nid d'Aigle" auf knapp 2'200 m. Bergsteiger bezeichnen diesen Ort gern auch als „Adlernest". Von dort starten die meisten Expeditionen auf das Dach der Alpen.

Der Weg hinauf führt über viel Fels und geht meist recht steil nach oben. Immer wieder erhält mein einen Blick auf den Mont Blanc.

Das Wetter war damals ziemlich miserabel. Ständiger Wechsel von Regen und Schnee erschwerte den Anstieg unheimlich.

Zur Mittagszeit kam ich an der ersten Berghütte an, die sog. „Tête Rousse" auf knapp 3'000 m.

Es schneite so stark, dass man die Spuren der Menschen, die zuvor vor einem liefen, fast nicht mehr erkennen konnte.

Der Anstieg war höchst mühsam und ich kam kaum vorwärts. Schneestürme ergänzten alles noch ein Stückchen mehr und zu diesem Zeitpunkt spürte ich förmlich die Härte der Natur. Hier wurde einem bewusst, welch armselige Kreaturen wir doch am Berg sind. Es war fast so, wie wenn sich der Berg gegen den Menschen wehren wollte.

Von der Tête Rousse führt ein sehr steiler und nicht ganz ungefährlicher Weg hinauf auf die „Goûter Hütte". Sie liegt auf ca. 3'800 m. Das sollte eigentlich das nächste Tagesziel werden, doch dem Berg gefiel es wohl nicht sonderlich, dass ich ihm auf die Pelle rücken wollte.

Der Schneesturm nahm immer mehr zu und ein Vorwärtskommen war fast nicht möglich.

Bevor es in den steilen Anstieg zur Goûter Hütte ging, musste eine bekannte Schlüsselstelle überquert werden. Recherchiert man, so wird man relativ schnell fündig und erkennt, dass es tatsächlich eine sehr markante Stelle ist.

Die Rede war vom sog. „Grand Couloir". Eine Stelle, an der man den Berg queren muss. Im Sommer berüchtigt für Steinschläge und im Winter sehr lawinengefährdend.

Wenn man hier abstürzt, dann kommt jede Hilfe zu spät. Die Flanke fällt nahezu senkrecht hinab. Allein der Blick in die Tiefe, lässt mir noch heute mein Herz stocken.

Die hohen Windgeschwindigkeiten erleichterten das Ganze nicht wirklich. Es wurde zwar ein Fixseil gespannt, allerdings hat der Berg hier eine sehr konkave Form, sodass das Seil nicht unbedingt eine Hilfe darstellte.

Hier machte sich mehr Angst breit, als der Wunsch das Ziel zu erreichen. Die Stelle ist so markant, dass ich bis zur Mitte kam und dann entschied, umzudrehen. Die Angst war zu gross. Die Psyche war auf einem Tiefpunkt angelangt.

In diesem Moment sah ich mich selbst als Versager. Es war doch nur ein Berg.

Auch andere Menschen hatten diesen Berg bereits bestiegen. Warum also ich nicht?

Angst schützt uns oft vor bestimmten Situationen, aber zu diesem Zeitpunkt sah ich lediglich mein Versagen an einem namhaften Berg. Ich verfluchte ihn und kehrte ihm den Rücken.

Es war ein Schmerz, der nicht zu beschreiben ist. Verschiedene Gedanken gingen mir durch den Kopf.

Wie soll ich das daheim erklären? Was sagen die Menschen im Freundeskreis und im Bekanntenumfeld?

Genau dann ertappte ich mich, dass es für mich, wie für viele andere auch, scheinbar ungeheuer wichtig erschien, wie andere Menschen über mein Handeln dachten. Ist das wichtig? Brauchen wir das?

Innerlich suchen wir nach Beachtung, nach einer Bestätigung für unser Tun und eigentlich neigen wir dazu, uns zu erklären und uns zu rechtfertigen. Aber müssen wir uns immer dieser eigenen Rechtfertigung aussetzen?

Ist es nicht unsere eigene Entscheidung? All diese Fragen gingen auch mir durch den Kopf, doch man ist irgendwo völlig ferngesteuert. Möchte man doch in solch einer Situation am liebsten niemanden sehen. Es ist sehr schwierig mit solch einer Niederlage zurecht zu kommen.

Jeder möchte wissen, wie es war.

Und was antwortet man dann? Man muss das antworten, was der Wahrheit entspricht. Just in diesem Augenblick eröffnet man seinem Gegenüber die eigenen Schwächen.

Man selbst sieht es als Versagen an, doch ist es Versagen oder schlichtweg einfach nur Vernunft?

In diesem Jahr bin ich das erste Mal an meine eigene Belastungsgrenze gekommen. An eine Grenze, die alles von mir abverlangt hat. Nicht nur konditionell, sondern auch psychisch.

Die Temperaturen weit unter dem Gefrierpunkt haben es dabei nicht erleichtert.

Als ich nach Deutschland zurückkehrte, sollte dieser Berg Geschichte sein. Ich schwor mir, dass ich niemals mehr wieder einen Versuch starten werde und akzeptierte, dass dies nun nicht meine Welt ist. Jegliche Ausrüstung verstaute ich in einem grossen Seesack und warf diesen voller Frust in eine Kellerecke.

Abstand musste her, denn innerlich war es ein Gefühl des absoluten Versagens, des absoluten Verlierens.

Man bereitet sich auf ein Ziel vor und von einer Minute auf die andere zwingt man sich das Ziel aufzugeben.

Dass hier auch ein Lernfaktor besteht, sieht man in solch einer Situation nie, denn wir können nicht immer erfolgreich von einem Berg steigen. Viele Aspiranten waren zuvor erfolgreich, doch die Niederlagen, die kläglichen Versuche den Berg zu erreichen und auf dessen Spitze stehen zu dürfen, diese negativen Erfahrungen, werden oft nicht gross publik gemacht. Sie fallen quasi unter den Tisch und das will auch niemand lesen. Nur die Erfolge zählen und das war auch das, was mich antrieb. Der Wunsch nach Anerkennung, nach Erfolg, vielleicht auch nach Prestige.

Man könnte doch meinen, dass es nur ein Berg sei, aber er hat mich auch später in meinen Träumen noch verfolgt. Wie ein

Drogenabhängiger lechzte ich danach, denn ich wusste, es musste zu schaffen sein. Etliche Alpinisten haben das zuvor auch geschafft und man selbst scheitert an einer Schlüsselstelle, weil man Angst bekommen hat.

Reinhold Messner hat einmal gesagt, dass Bergsteigen die kommerzielle Form des organisierten Selbstmordes ist.
Da hat er wohl nicht ganz unrecht gehabt.

Der Wunsch verzog sich nie, einmal auf 4'810 m zu stehen. Er war so stark in mir verankert. Es musste doch zu schaffen sein, aber vielleicht war ich auch selbst noch nicht soweit, denn die Höhe ist nicht ganz unerheblich.
In den Folgemonaten konzentrierte ich mich mehr auf die unter 3'000 m liegenden Gipfel und sah diese stets als Übungs- und Trainingsgelände für nur ein Ziel: Der Besteigung des Mont Blanc.
Ein Jahr habe ich darauf trainiert, um nun doch endlich einmal mein Ziel erreichen zu dürfen. Es folgten noch zwei Fehlversuche und meine Motivation sank ins Bodenlose. Doch für Aufgeben hatte ich keine Zeit. Der vierte Versuch sollte nun erfolgreich werden. Das Wetter war nahezu perfekt und ich war am sog. Vallot angekommen, als sich starker Nebel ausbreitete.

Die damals erste Schlüsselstelle, an welcher ich es vorzog umzu-drehen, war nun kein Problem mehr. Ich hatte den Gipfel des Mont Blanc beim vierten Versuch nun endlich erreicht. Oben an-gekommen, liefen die Tränen über die Wangen. Es sollte ein tolles Glücksgefühl sein, doch die Emotionen waren so überdurchschnittlich stark auf dem Gipfel. Die Sicht hinunter war zwar katastrophal, aber das war nun nicht mehr wichtig. Einzig und allein war für mich der Erfolg dieser Bergbesteigung. Die quälenden Versuche zuvor, waren nun nicht mehr relevant. Ich stand endlich auf dem Dach der Alpen. Körperlich am Ende, stark unterzuckert, kaum getrunken und Temperaturen um die -35°C machten mich komplett fertig, aber die Freude über den Erfolg an diesem Berg, machten mich zum glücklichsten Menschen aller Zeiten.

Langsam wurde es Zeit abzusteigen und den Ort des Glücks zu verlassen. Ich war ziemlich am Ende meiner Kräfte und stieg lang-sam über den bekannten „Bosse Grat" ab, als ich plötzlich den Halt verlor infolge des starken Nebels.

Man konnte kaum die eigene Hand sehen. Auf der rechten Seite rutschte ich plötzlich und völlig unerwartet ab und konnte gerade noch mit meinem Eispickel Halt finden. Langsam rollte ich mich wieder auf den Weg zurück und sass erst einmal einige Minuten an der Stelle. Mein Herz pochte wie wild, doch wirklich realisiert habe ich diesen Moment nicht und das Wetter drehte nochmals und es fing extrem zu schneien an. Da erblickte ich in der Ferne das „Val-lot", eine Blechschachtel, gedacht als Notunterkunft. Diese rettete mir in diesem Moment mein Leben und ich trat ein und traf noch vier weitere Bergsteiger, die eigentlich den Gipfel stürmen wollten, aber sich an dieser Stelle zur Umkehr entschieden.

Durch den verheerenden Schneesturm war ein Abstieg unmög-lich. Wir waren alle gezwungen in der Hütte zu bleiben.

Da keine grosse Isolierung dort herrschte, kämpften wir mit Tem-peraturen von bis zu -15°C.

Ich selbst hatte keinen Schlafsack dabei, da ich davon ausging, dass der Gipfeltag nur wenige Stunden dauern würde. Das bedeu-tete, dass man eigentlich ohne Schlafsack keine Chance zum Über-leben hatte.

Ein spanischer Bergsteiger hatte einen Schlafsack dabei und er hat mir quasi mein Leben gerettet. Er bot mir an, den Schlafsack

zu teilen, dass jeder von uns wenigstens etwas Schlaf finden konnte.
Und wenn es nur einige wenige Stunden waren. Es waren dennoch quälende kalte Stunden und es wollte einfach nicht aufhören mit Schneien und das Mitte August.

Wir mussten zwei Tage im Vallot bleiben, bis eines morgens der Schneefall plötzlich aufhörte und auch der Nebel verzog sich.

Doch bevor ich nun endlich von dem Berg herunterwollte, musste ich unbedingt nochmals die Stelle mir ansehen, an welcher ich abgerutscht war. Mich interessierte es einfach, an welcher Stelle das gewesen ist. Die Stelle war unmittelbar in der Mitte des Bossegrats. Mein Atem geriet ins Stocken, als ich den Abgrund erblickte. Dort ging es ca. 4'000 m einfach nur hinunter.

Hätte mich mein Eispickel an der Stelle im Stich gelassen, würde ich heute nicht mehr leben. Diesen Absturz hätte kein Mensch überlebt.

Und ich wäre da keine Ausnahme gewesen.

Wir stiegen gemeinsam vom Gipfel ab und kamen dann auch sehr glücklich und entspannt an der Tête Rousse an und jeder einzelne Bergsteiger ging wieder seine eigenen Wege.

Ein Projekt ging zu Ende, das mich sehr lange verfolgt hat und um ein Haar hätte ich mein Leben verloren. Natürlich ist man glücklich über den eigenen Erfolg.

Doch im Nacken steckt auch das Erlebnis, dass das Leben ganz schnell vorüber sein kann.

Zuhause herrschte eine gewisse kontroverse Meinung über das Projekt. Einerseits waren viele froh, dass ich wieder heil angekommen war, aber mindestens genauso viele Stimmen hielten das ganze Unterfangen für absoluten Wahnsinn und verurteilten mich, was das Ganze solle und präsentierten ihren Unmut über die Aktionen. Im Nachhinein waren es die gleichen Kritiker, die auch über Höhenbergsteiger urteilen, ohne sich im Vorfeld einmal zu informieren, worin die Schwierigkeiten bestehen.

Eine Diskussion über das Thema ist fast aussichtslos, da jeder seinen eigenen Standpunkt vertreten möchte und ein gemeinsamer Nenner oft nicht gefunden werden will.

In späteren Jahren wiederholte ich Besteigungen zum Mont Blanc nochmals und er wurde zu einem immer noch aussergewöhnlichen Wunschberg. Auch wenn man ihn erfolgreich bestiegen hat, bleibt er immer etwas Besonderes. Und er darf auch keinesfalls unterschätzt werden, denn auch sehr erfahrene Bergsteiger sind an diesem Gipfel gestorben.

Uns Menschen zieht es in die Berge, wenn wir einmal Lunte gerochen haben und auch ich bin in gewisser Form besessen von dieser Macht.

Doch der Mont Blanc war für mich stets eine Herausforderung und ich habe Achtung vor diesem Gipfel. Auch wenn man von der Gesellschaft schier auseinandergenommen wird.

Hier zeigt sich oft die Sinnlosigkeit und Fehleinschätzung genau solcher, weil diese Menschen vermutlich noch nie auf einem Gipfel standen und in keinster Weise nachvollziehen können, was es bedeutet oben stehen zu dürfen.

Für viele sind Berge Rückzugspunkt und eine Örtlichkeit, um die eigenen Akkus wieder aufzuladen.

Doch nachvollziehen können das nur diejenigen, die diese unmittelbar berührt haben.

Aber wir Menschen sind nun mal so, dass wir zu allem unsere Meinung ausdrücken müssen und vielleicht völlig unbewusst dabei unsere Mitmenschen verurteilen. Dies geschieht schon fast motorisch.

Wir Europäer sehen in den Bergen oft nur geologische Formationen, während beispielsweise die tibetischen Völker darin den Sitz von höheren Mächten betrachten.

Nach ihrer Meinung betritt man den Berg nicht einfach, sondern geht mit Ehrfurcht an so etwas heran. Sie sehen den Gipfel als etwas überdurchschnittlich Mächtiges an, denn egal wie es läuft, der Berg sagt einem, in welche Richtung es laufen wird.

Hans Kammerlander hat einmal gesagt: „Der Berg gehört Dir erst, wenn Du wieder unten bist. Vorher gehörst Du ihm."

Dies trifft es sehr gut. Die Tibeter veranstalten deshalb auch eine bestimmte Zeremonie, die sich „Puja" nennt. Hierbei bitten sie die Götter um einen guten Aufstieg und gutes Wetter. Dabei wird Salz in die Luft geworfen, der die Götter besänftigen soll.

Unmittelbar vor grossen Expeditionen im Himalaya werden beispielsweise die Bergaspiranten von einem tibetischen Abt gesegnet, um die Tour unbeschadet überstehen zu können.

Hier spielt das Karma eine sehr grosse Rolle.

So wird im höchstgelegenen Kloster der Erde, dem Rongbuk Kloster, an der Nordflanke des Mount Everest gelegen, diese Segnung noch heute durchgeführt.

Auch wenn es für uns Europäer als etwas sehr weit hergeholt erscheint, sollten wir uns vielleicht einmal Gedanken darüber machen, in welcher Art und Weise wir diese Orte betreten.

Dass wir nur winzige Kreaturen in einer unmenschlichen Welt sind, wie wir das im Himalaya, in den Anden, dem Karakorum oder auch in Patagonien finden, zeigt es meist den Menschen, die unmittelbare Berührung mit dieser faszinierenden Umgebung haben.

Auch für mich hatte diese ganze Bergwelt eine ungeheure Anziehungskraft entwickelt. Dieses majestätische, aber auch teilweise trostlose Umgebungsbild, wirkte durchaus positiv auf meine Seele. Oft, wenn ich auf Touren und Trekkings unterwegs bin, kann ich mich gar nicht richtig auf den aktuellen Weg konzentrieren, weil mein Blick immer wieder am umliegenden Bergpanorama schier zu kleben scheint.

Reinhold Messner hat einmal gesagt, dass der Aufstieg zu einem Gipfel eine völlig neue Sichtweise vermittelt und man sich frei und unbeschwert fühlt und wenn man wieder hinuntersteigt, man ein anderer Mensch ist.

Ganz unrecht hat er damit nicht. Es ist schon ein Glücksgefühl, wenn man auf einem Gipfel steht und tief ins Tal blicken kann und die Schönheit geniessen darf, die einem dort oben präsentiert wird. Wir sind vollständig von tollen Momenten erfüllt und diese dringen durch alle Körperteile. In genau diesem Moment vergisst man die körperliche und psychische Anstrengung einer jeden Tour.

Ob wir uns nun auf 1'500 m bewegen oder 4'000 m spielt dabei eher eine untergeordnete Rolle. Ob wir das mit Klettern erreichen oder über eine Bergsteigerroute über Fels, Eis oder Schnee ist in der Tat irrelevant, denn wenn wir oben ankommen, eröffnet sich eine komplett neue Welt und wir fühlen uns dem Himmel so nah.

Auch ich habe dieses Gefühl etliche Male erleben dürfen und mit jedem Gipfel ein Stück mehr innere Freiheit freigesetzt.

Bisher konzentrierte ich mich dabei vorwiegend auf Wander- und Bergsteigerrouten und doch gibt es Unternehmungen, die auch ich gerne einmal durchgeführt haben wollte.

Dazu zählt in jedem Fall die bekannteste Kletterroute der Welt.

Berühmte Persönlichkeiten wurden erst dadurch bekannt. Und es gab bereits etliche Nachahmer, die ebenso ihr Glück an genau dieser Wand versuchten und auch ich wollte einmal mein Glück herausfordern.

Es ging natürlich um die bekannte Eiger Nordwand. Keine Wand der Alpen ist so berüchtigt, wie die des Eigers. Anfang des 20. Jahrhunderts hatte sie sich den Namen „Eiger Mordwand" verdient, da bei zahlreichen Durchsteigungsversuchen dieser Wand, etliche Menschen gestorben sind.

Zeitweise wurde die Besteigung sogar verboten, da es zu viele Todesfälle gab.

Für mich war die Wand eine ganz besondere Herausforderung und der Grund lag nicht unbedingt nur im bergsteigerischen Sinn.

Bevor ich diesen Versuch unternahm, ist kurz zuvor mein lieber Vater verstorben, was mir damals sehr zugesetzt hatte.

Durch die Besteigung fühlte ich mich ihm besonders nah, da er sich zu der Bergwelt genauso hingezogen fühlte, wie ich das bei mir empfand.

Wir waren damals zu dritt und stiegen bei angenehmen Temperaturen im Tal in die Nordwand ein. Dabei hatten wir es vorgezogen, die Wand auf der bekannten Heckmair-Route zu besteigen. Die Wand stellte auch für uns eine ungeheure Herausforderung dar, aufgrund ihres extrem hohen Schwierigkeitsgrades. Mehrere Eisfelder müssen dabei passiert werden und teilweise sind scheinbar keinerlei Griffe vorhanden, die einem das Gefühl von Sicherheit gegeben hätten.

Wir wollten es sehr entspannt angehen und nicht hetzen, da wir nicht auf einen neuen Rekordversuch aus waren, sondern einfach nur gut durchkommen wollten.

Übernachtet haben wir im sog. „Todes-Biwak", dass schon alleine eine ungeheure Anziehungskraft auf uns ausübte.

Ungefähr in der Mitte der Wand drehte das Wetter auf einmal und es fühlte sich an, als ob die Temperaturen ins Bodenlose fallen würden. Man konnte kaum den Fels festhalten und wir waren der Wand völlig schutzlos ausgeliefert.

Nach unserer letzten Sicherung oberhalb der „Spinne", die so bezeichnet wird, weil das Schneefeld dort eine optische Form einer Spinne hat, kletterten wir über die westliche Flanke nach oben.

Dort sah es aus, als ob wir einen idealen Punkt gefunden hätten, um einen sog. Standplatz zu bauen, doch beim Greifen eines Vorsprungs verloren wir den Halt, weil dieser abriss und wir stürzten in die Tiefe. Einer meiner Partner, der vorstieg, schlug dermassen stark auf einen Grat auf, dass jede Hilfe zu spät kam.

Wir hatten zwar Zwischensicherungen angebracht, doch zwei dieser Sicherungen hielten nicht und wir stürzten mit einer ungeheuren Wucht 30 m in die Tiefe.

Ich selbst verklemmte mir bei diesem Sturz den Fuss in einem Riss, der einen grossen Teil der Energie abfing und mir das Gefühl vermittelte, dass es jetzt vorbei sein musste mit meinem Leben.

Diese Schmerzen werde ich nie mehr vergessen. Noch nie zuvor hatte ich solche eindrücklichen Reaktionen meines Körpers erlebt. Es war kaum zum Aushalten. Mein Bein war zu einer Sicherung geworden und ich brüllte vor Schmerz, da ich zusätzlich mit einer enormen Wucht an die Felswand geschleudert wurde.

Hinzu kam die Kälte, die sich immer mehr ausbreitete.

Ich weiss nicht mehr, wie lange wir noch in der Wand hingen. Es müssen Stunden gewesen sein, bis ein Hilfstrupp uns quasi aus der

Wand gekratzt haben. Irgendwann bin ich dann ohnmächtig geworden und fand mich in einem Spital wieder.

Dort wurde ich dann in einer Notoperation wieder zusammengeflickt. Die Schmerzen waren immer noch überdurchschnittlich stark und nur durch Schmerzmittel war das in den Griff zu bekommen.

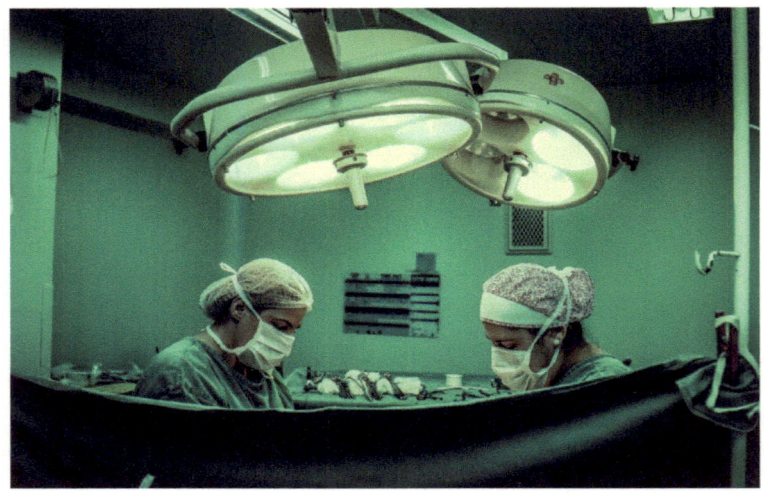

Heute danke ich den Ärzten, die wirklich alles gegeben haben, um mich wieder geradezubiegen. Mein Partner hatte nicht soviel Glück. Die Kopfverletzung durch den Aufprall war so stark, dass er wohl noch in der Wand verstarb.

Das war für mich ein sehr dunkler Tag und ich verlor einen meiner besten Bergkameraden auf tragische Weise. Noch nie erlebte ich dieses Gefühl, wie es ist, wenn derjenige stirbt, der an der Seite kletterte, mit dem Du Spass hast und der die Leidenschaft „Berge" teilt.

Auch Tage später konnte ich es selbst nicht wahrhaben wollen. Und wieder einmal hat es sich gezeigt, wie schnell das Leben doch vorbei sein kann.

Als ich entlassen wurde, hat mir meine Familie den Vorwurf gemacht, dass ich nicht auf der Beerdigung meines Vaters war. Für mich war das natürlich auch sehr schwer zu verarbeiten, da ich nicht mehr die Chance hatte, mich in gewisser Weise von meinem Vater zu verabschieden.

Mein Sturz hat mein Leben etwas durcheinandergebracht, doch auch in dieser Situation wurde nicht gross nachgefragt, warum ich denn nicht zur Beerdigung erschien.

Erklärungsversuche fruchteten nicht, denn im Vordergrund stand nur, dass ich nicht erschienen war.

Seither ist das Verhältnis sehr angespannt. Schon stand ich auf der Verurteiltenliste. Ich fühlte mich sehr verletzt, zeigte mir aber wieder einmal, wie die Gesellschaft Dich verurteilt.

Als ob man keine Lust gehabt hätte. Ein Stück Verständnis war Fehlanzeige.

Natürlich war die Besteigung sinnlos für viele, doch spielen auch hier eigene Emotionen eine grosse Rolle.

Niemand hat gefragt, wie es denn gehen würde, ob immer noch Schmerzen vorhanden wären. Weil es niemanden interessiert. Verurteilen und die Fehler aufzeigen, dafür ist dann aber genügend Interesse da.

In Extremsituationen handeln Menschen oft völlig surreal, aber man erkennt genau dann den Charakter.

Für mich brach in gewisser Weise eine Welt zusammen, da niemand auch nur im Entferntesten nachvollziehen konnte, nein, wollte, was da geschehen war.

Irgendwann verlor ich die Lust des „Sich-Erklärens", denn ich sah keinen wirklichen Sinn darin.

Man verurteilt einen, wie es auch andere Menschen tun, die in Extremsituationen am Himalaya unterwegs sind.

Eigentlich möchte niemand hinter die Kulissen schauen, denn dann würde er ja gegebenenfalls die Wahrheit sehen und ob die dann einem gefällt, steht auf einem ganz anderen Blatt.

Aber verurteilen ist natürlich auch einfacher und gibt einem das Gefühl, man wäre in der überlegeneren Rolle.

Die Besteigung der Eiger Nordwand scheiterte kläglich mit einem tragischen Unfall. Zwar konnte ich sie bei einem zweiten Versuch erfolgreich durchsteigen, doch das war in meinen Augen dann nicht mehr so wichtig.

Der Verlust meines Bergpartners war dennoch da. Er konnte nicht rückgängig gemacht werden. Diese Bergtour gab mir noch einmal eine zweite Chance. Eine Chance, das Leben zu geniessen und nicht unnötig ein Risiko einzugehen.

Für mich war das die letzte Tour dieser Art. Es gibt noch zahlreiche Trekkings, die auch sehr schön sind, aber erheblich ungefährlicher.

Die eigenen Grenzen austesten ist schon eine gute Sache, aber man muss auch wissen, wann dann definitiv Schluss ist.

Ich wollte noch etwas leben und deshalb stieg auch der Gedanke in mir hoch, was uns eigentlich an diesen Extremleistungen so reizt.

Für wen gehen wir diesen Weg?

Letztlich tun wir das, damit wir für einen ganz kurzen Moment die Aufmerksamkeit unserer Mitmenschen ernten können. Und wenige Augenblicke später, ist das wieder in Vergessenheit geraten.

Diejenigen, die diesem Trieb immer wieder folgen, unterliegen stets dem Leistungsdruck der Medien und auch der Gesellschaft, denn diese wollen immer Extremeres sehen.

Das ist oft das Problem. Ständig muss es extremer, ausgefallener und einzigartiger werden. Doch irgendwann kommt der Punkt, an dem wieder einmal der Berg siegt.

Er scheint sich das nicht lange anschauen zu wollen. Denn irgendwann kommen auch wir Menschen an Grenzen und diese werden meist auf schmerzhafte Art und Weise vermittelt.

In den Bergen sind schon so viele Menschen gestorben. Doch immer noch reizt es Menschen, Rekorde aufzustellen.

Ich vermute, es liegt in unserem Innern, dass wir so reagieren, wie wir reagieren.

Ich für meinen Teil, habe mit der Extreme Erfahrung sammeln können und in der Tat hält diese Anerkennung nur kurz an. Und warum sollte man für andere sein Leben riskieren, die selbst nicht daran interessiert wären, ihres für einen selbst zu riskieren?

Die Reaktionen mancher Menschen machen mich sehr traurig und wir entfernen uns immer mehr von der anfänglichen Definition, was eine Gesellschaft eigentlich ausmacht.

Aus ethnologischer, aber auch aus soziologischer Sichtweise betrachtet.

Kapitel 8 – Die Spitze des Eisbergs

Viele Menschen glauben, was die ungeheure Masse an Auswanderungssendungen im Fernsehen belegen, dass mit einem Wohnortwechsel von A nach B, automatisch ein neues Leben beginnt.

Wir wissen natürlich alle, dass vielleicht das Leben tatsächlich neu startet, jedoch wird man hier und da von der Vergangenheit eingeholt.

Alte Probleme tauchen wieder auf und gegebenenfalls sogar viel intensiver. Ob das nun finanzielle Schwierigkeiten sind oder auch persönlicher Natur, letztlich kommt man nicht Drumherum, sich diesen Problemen zu stellen.

Bei den ganzen Auswanderern steht meist die schöne, tolle und erfolgsversprechende Zukunft im Vordergrund, oftmals ohne die Risiken und Nebenwirkungen je beachtet zu haben.

Teilweise amüsiert sich der Zuseher und der ein oder andere fragt sich sicherlich, wie diese Menschen bisher durch ihr Leben gekommen sind.

Ich selbst habe diese Erfahrung mit dem Ausland auch gemacht. In jedem Fall kann ich behaupten, dass es keine schlechte

Erkenntnis mit sich bringt, allerdings darf man keine Geschenke oder einen leichten Start erwarten.

Nach einigen Hindernissen, die durchaus an meine persönliche Belastungsgrenze gingen, habe ich im neuen Land den Kontakt zu den Menschen gepflegt, die mir diese Möglichkeiten überhaupt ermöglicht haben.

Denn man sollte niemals die Menschen vergessen, die bei einem waren, als man das Bedürfnis von Geborgenheit brauchte.

Die bekannte Schriftstellerin Helen Keller (1880 – 1968) hatte einmal gesagt:

„Liebe mich dann am meisten, wenn ich es am wenigsten verdient habe, denn dann brauche ich es am nötigsten."

Damit hat sie sicherlich den berüchtigten Nagel auf den Kopf getroffen. Oft erkennen wir erst in Extrem- oder Notsituationen, wer unsere wahren Freunde sind.

Auch in meiner Lage kam ich zu der Erkenntnis, dass es nur eine Handvoll Menschen gibt, die zu einem stehen und auf die man sich in jeglicher Situation blind verlassen kann.

Die Familie, um die es hier geht, wurde eingangs bereits erwähnt und sie gehören definitiv zu der Sorte Menschen, die einerseits nicht unbedingt der Masse folgen und sich auch nicht an ihr orientieren. Sie selbst haben nicht sehr viel finanzielle Mittel. Aber es sind genau diese Menschen, die, obwohl sie fast nichts besitzen, anderen unter die Arme greifen.

Ich war damals in genau dieser Situation und sie haben mir den Start in der Schweiz überhaupt ermöglicht.

Damals offerierten sie mir die Möglichkeit bei ihnen zu wohnen und auf neuem Terrain Fuss zu fassen.

Ich hatte zu dieser Zeit noch eine sehr, sagen wir, einfache Denkweise über unsere Gesellschaft. War ich doch von Grund auf positiv eingestellt und vielleicht auch etwas arg gutmütig.

Das liegt vermutlich daran, dass ich die These von Immanuel Kant (1724 – 1804) teile, in welcher er der Meinung war, dass der Mensch von seinem Grund auf als gut anzusehen ist. Dass es natürlich Differenzen zwischen den einzelnen Menschen gibt, liegt quasi auf der Hand. Doch können Gutmütigkeit und der Wille stets für andere da zu sein, auch hinderlich sein. Solche Menschen werden oft ausgenutzt, was nicht unbedingt für die These Kants sprechen würde.

Die Familie hatte einen Sohn, sowie eine Tochter. Als ich bei ihnen einzog, hatte die Tochter so gut wie kaum kommuniziert. Bei verschiedenen Gesprächen mit den Eltern, stellten mir diese dar, dass die Tochter eine nicht ganz leichte Kindheit gehabt haben muss.

Als ich mehr über die Details wissen wollte, erhielt ich lediglich einige wenige Puzzleteile, die für mich nicht wirklich Sinn ergaben. Über die Zeit kam aber immer ein Teil mehr dazu und das Ganze ergänzte sich langsam zu einem zusammenhängenden Kontext.

Die Tochter hatte jahrelang Probleme in sich hineingefressen und sich auch nie gross anderen geöffnet, was sie zu einem sehr verschlossenen und zurückhaltenden Menschen machte.
Es kam dann sehr viel später heraus, dass im jugendlichen Alter ein dermassen einschneidendes Erlebnis vorgefallen sein muss, dass bestimmte Themen schlichtweg nicht angesprochen wurden.

In diesem Moment erinnerte ich mich an meine Erfahrungen mit dem Thema „Häusliche Gewalt" und „Vergewaltigung" zu meiner aktiven Coachingzeit.
Aufgrund der Reaktionen der Tochter, sah ich die ein oder anderen Parallelen zu den damaligen Coachingteilnehmern, die oft Erfahrung mit genau diesen Themen machten.
Auf einmal war es wieder präsent und meine Neugier stieg, denn das interessierte mich nun doch sehr, was damals vorgefallen sein muss.
Aber vielleicht lag ich auch völlig falsch und schon bemerkte ich, dass in meinem Kopf bereits eine Geschichte gesponnen wird, nur allein aufgrund einiger Reaktionen von der Tochter. Sollte es eine Fehleinschätzung meinerseits gewesen sein?
Aber das sollte ich bald erfahren.

Es folgten sehr viele Gespräche, die sehr tief in das Unterbewusstsein der Tochter eingriffen, wobei sie inzwischen wesentlich
kommunikationsfähiger als am Anfang war.

Mittlerweile erzählte sie die damals vorgefallene Geschichte, die sie seit nun knapp 10 Jahren mit sich herumtrug. Ihr fiel es sichtlich schwer darüber zu sprechen und es war ein sehr emotionales Gespräch, da sie vermutlich während der Erzählung die Erlebnisse nochmals durchlebte, zumindest im Geist.

Allein wie die Familie damit umgegangen ist und in welcher Art und Weise die Gesellschaft um sie herum reagierten, ist kaum in Worte zu fassen. Hierfür gibt es meines Erachtens keine Erläuterung oder Definition literarischer Art und man kann es auch kaum für möglich halten, dass es so etwas tatsächlich gibt.

Wobei, das Szenario ist in der Gesellschaft bekannt, auch die Reaktion danach erscheint zwar auf den ersten Blick logisch, ist dennoch bei genauerem Hinsehen völlig surreal und unverständlich, schon fast beschämend für Menschen des 20. Jahrhunderts.

Wir befinden uns im Jahr 2007, die Tochter der Familie ist nun ca. 16 Jahre alt und hat sichtlich Probleme in der Schule, weshalb sie immer wieder Unterstützung von Seiten der Schule erhielt. Diese Hilfe wurde von einem Herrn Heinzer, einem Schulsozialarbeiter, durchgeführt, der Kinder und Jugendliche betreut hat, um ihnen etwas unter die Arme zu greifen, aber auch gleichzeitig die Funktion der primären Ansprechperson für die Schülerinnen und Schüler innehatte.

Viele dieser Kinder haben ihm vertraut. Und dies oft über Jahre. Nun begab es sich, dass die Tochter der Familie oft nach der Schule von Herrn Heinzer direkt angesprochen wurde, damit sie sich in einem separaten Raum der Schule treffen konnten und er seine Unterstützung ihr anbot. Anfangs war das Verhältnis zwischen ihr und ihm sehr gut und sie verstanden sich.

Doch mit der Zeit entwickelte der Sozialarbeiter ein etwas erweitertes Interesse an ihr.

Herr Heinzer begann oft mit Fragen, die weitestgehend nicht sonderlich konstruktiv für die Betreuung waren. Anfangs berührte er sie nur an der Schulter und suchte sichtlich ihre Nähe.

Später holte er sie immer wieder in das Betreuungszimmer und stellte ihr Fragen, die die Grenzen nicht nur überschritten, sondern in höchstem Masse widerwärtig waren.

Immer öfter fielen Fragen , wie:
„Was für Unterwäsche trägst Du, wenn Du scharf gemacht werden
möchtest?"
„Welche Farbe hat Deine Unterwäsche?"
„Was hast Du heute untendrunter?"

In diesen Momenten konnte sich die Tochter der Familie an niemanden wenden, da sie vermutlich sich schämte und wahrscheinlich das Gefühl hatte, kein Mensch würde ihr Glauben schenken.

Während der späteren Folgewochen, wurde sie immer mehr in das Zimmer von Herrn Heinzer gerufen und eines Tages, öffnete er ihre Bluse und ihre Hose und während er an ihrem Slip seine Finger rieb, flüsterte er ihr derbe und schmutzige Wörter ins Ohr und hatte sichtliche Lust entwickelt, da sie sich kaum zu wehren traute.

In verschiedenen Fällen drückte er sie mit sehr hoher Kraft an die Wand, sodass sie gar keine Chance hatte und strich ihr immer wieder über ihre Brüste, nachdem er ihren BH mit der anderen Hand auf die Seite zog.

Zu diesem Zeitpunkt traute sich die Tochter teilweise gar nicht mehr in die Schule, doch da sie sich niemandem anvertrauen wollte, konnte auch die betreuende Psychologin nicht erahnen, was in ihrem Kopf vorgehen mag.

Es wiederholten sich die Ereignisse immer wieder und Herr Heinzer ging mittlerweile schon soweit, dass er sein erregtes Glied an ihrer Unterwäsche rieb.

Die Tochter muss von solch einem Ekel erfüllt worden sein.

Der Sozialarbeiter hatte sie vollständig in der Hand und drohte ihr auch mit entsprechenden Konsequenzen, würde sie sich auch nur irgendeiner Person anvertrauen.

Angst und pure Verzweiflung muss sich in ihrem Kopf breitgemacht haben.

Für mich als Aussenstehender, wie auch alle anderen Unbeteiligten, ist das wohl etwas, was unmöglich nachvollziehbar ist.

Sie ist später dann von der Schule und hatte dennoch sehr viele Gespräche mit ihrer Psychologin, die sie betreute. Dort fühlte sie sich verstanden und in gewisser Weise frei. Hier kam die Geschichte immer wieder auf und über die Jahre hat sie versucht die Erlebnisse zu verdrängen. Einfach vergessen und abhaken, doch die Vergangenheit holte sie immer wieder ein.

Als dann herauskam, dass Herr Heinzer sie versucht hat, zu vergewaltigen und zu missbrauchen, wurde ihr, dem wahren Opfer, kaum geglaubt. Selbst als sich die Psychologin äusserte, meinten viele, dass sie sich das alles nur ausgedacht hätte und phantasieren würde.

Sie sei ja gerade mal 16 Jahre alt und da kann schon einmal die Phantasie mit einem durchgehen.

Als der Vater in einer Sitzung sich erhob und ganz klar mit seinem Finger auf ihn zeigte und meinte: „Sie Dreckschwein, Sie haben doch mehr als nur berufliches Interesse an meiner Tochter!", da schauten alle sehr vorwurfsvoll auf ihn, aber eine Antwort gab Herr Heinzer in diesem Moment nicht. Vielmehr grinste er nur und verliess den Sitzungssaal wortlos.

Stattdessen besuchten zwei Polizeibeamte die Familie zuhause und es wurde dem Vater vorgeworfen, dass es vielleicht gar nicht der Sozialarbeiter war, der die Tochter versucht hat zu vergewaltigen, sondern der Täter vielmehr im familiären Kreis zu suchen sei.

Man durchleuchtete das gesamte Leben des Vaters und der Mutter und da wurden unzählige Videofilme im Haus gefunden, die laut der Polizei ein eindeutiges Indiz waren und er wurde unmittelbar danach beschuldigt, er hätte seine Tochter vergewaltigt.

Ihm wurde quasi dargelegt, dass er sein Leben nicht im Griff hätte und jemand ist, der mit seinen vielen Filmen aus der Realität flüchtet und dadurch den Bezug der Gegenwart verliert.

Es sei völlig normal, da der Vater eine sehr intensive Beziehung zu seiner Tochter hätte und infolge seiner überdurchschnittlichen Anzahl von Videofilmen unweigerlich der Täter sein muss. Es passt ja alles zusammen.

So sah das jedenfalls die Gesellschaft und hat ihn als Täter gebrandmarkt. Dass sie damit zeitgleich sein bestehendes Leben aus den Fugen brachten, hat vermutlich niemanden interessiert.

Er musste ja der Täter gewesen sein, wer denn sonst?

Justizirrtum? Irrt vielleicht die Gesellschaft?

Sie haben eins und eins zusammengezählt und innerlich, wie auch äusserlich ein klares Urteil gefällt.

Aber ist das Ganze vielleicht nur die Spitze des Eisbergs? Wie sieht es unter der Wasseroberfläche aus?

Wurde alles berücksichtigt, als man ihn befragt hatte? Gab es Beweise, die eindeutig und unwiderruflich belegen, dass der Vater der Täter war?

Wie tief wurde gegraben, um an die Wahrheit zu kommen oder hat man einfach nur den am nächsten liegenden Menschen genommen, weil in der Vergangenheit bei anderen Verbrechen der Vater oft der Täter war?

Konnte ihm die Schuld eindeutig nachgewiesen werden oder hätte die Gesellschaft gerne ihn als Täter?

All diese Fragen wurden nie beantwortet. Es interessierte auch niemanden, denn der Sozialarbeiter Heinzer kann es doch nicht gewesen sein, denn er ist ja für das Wohl der Kinder verantwortlich.

Und solch ein Mensch versucht doch keine jungen Mädchen oder Jungen zu misshandeln.
Erscheint das realistisch und nachvollziehbar?
Die Meinungen waren klar. Es konnte nur der Vater sein.
Hat man berücksichtigt, dass der Vater über mehrere Jahre begeisterter Sammler von Videofilmen war?
Auch dass viele Filme niemals geöffnet wurden und noch vollständig verschweisst waren? Wie tief wurde tatsächlich gegraben und hat man wirklich in alle möglichen Richtungen recherchiert?

Im Nachhinein betrachtet, hat mich die ganze Geschichte, sehr betroffen, da ich mir in keinster Weise vorstellen konnte, dass so etwas tatsächlich möglich sein kann.
Die Gesellschaft hat keine Ahnung, was hinter den Kulissen gespielt wird. Sie sieht ein oder zwei Elemente, die zusammenpassen könnten und fällt unweigerlich ein Urteil. Sie haben den Vater insgeheim als Täter vorgeführt und gehen dann zufrieden nach Hause.
Ob er der Richtige ist oder nicht, spielt letztlich keine Rolle für unser Gesellschaftsdenken.
Die Zukunft des Vaters ist kaum noch existent, denn draussen zeigt man mit Fingern auf ihn und sagt: „Du hast Deine Tochter vergewaltigt. Du bist ein Pädophiler, ein Perverser!"
Er hat quasi keine Chance gesellschaftlich überhaupt noch Fuss fassen zu können. Die Anklage wurde später fallen gelassen, doch gebrandmarkt ist er ein Leben lang und die Gesellschaft kümmert es reichlich wenig.

Gab es Entschädigungen? Gab es Entschuldigungen?

Niemand sah sich hierzu berufen oder hielt es für angemessen, auch nur in irgendeiner Weise ihm entgegenzutreten und die Fehleinschätzung zuzugeben. Denn das ist erheblich schwieriger, als einen Menschen zu verurteilen, den man noch nicht einmal richtig kennt. Wahrscheinlich kannten die, die ihn verurteilten noch nicht einmal ansatzweise.

Jahre später, als alles mehr oder weniger in Vergessenheit geraten ist, entschied sich die Tochter zu einem sehr elementaren Schritt, um die Vergangenheit nun endlich begraben zu können. Denn Verdrängung ist nicht unbedingt das beste Mittel.

Inzwischen war sie 24 Jahre alt, viel Zeit ist ins Land gegangen und sie entschied sich zu einer Anzeige, wegen versuchter Vergewaltigung und der gesamte Fall wurde nochmals aufgerollt.

Erfolgsaussichten standen gar nicht so schlecht, doch auch hier wurde wie beim Vater, kaum richtig recherchiert.
Der erfolgreiche Sozialarbeiter Heinzer, galt wieder einmal mehr für unantastbar.

Er, der Sozialarbeiter kann es doch nie gewesen sein. Allerdings sollte man auch hier unter die Wasseroberfläche des Eisbergs schauen
Ungeheuer auffallend war, dass Herr Heinzer immer wieder umgezogen ist, sobald es etwas brenzlig wurde. Immer wieder war er für verschiedene Schulen tätig. Aber meist nie länger als nur wenige Jahre.

Ging man diesem Umstand einmal nach? Fragte man sich hier, welchen Beweggrund das hatte? Wurden Beweise, Aufzeichnungen oder ähnliches gesichtet? Gab es Akteneinsichten?

Nichts von alledem. Sehr interessant und das sollte die Justiz irritieren, sowie die Gesellschaft, denn warum existieren von diesen ganzen Betreuungsterminen der Tochter in der Schulakte keines dieser Exemplare?

Warum fragt hier niemand nach, weshalb damals keinerlei Dokumentationen oder Schulberichte angefertigt worden sind?
Es wäre ja auch ein Skandal, wenn ein Schulsozialarbeiter Jugendliche betreut und parallel junge Mädchen unsittlich berührt und sie zum Sex zwingt. In einer vielleicht leicht katholischen Gemeinde dürfte das ein weniger gutes Licht ausstrahlen.

Also ist die Gesellschaft um das Wohl der Gemeinde besorgt und lässt dafür lieber einen Herrn Heinzer weiter sein Treiben gewähren?

Funktioniert so unser Gemeinschaftsdenken? Ist das die Gesellschaft, die uns die richtige Richtung weist? Definiert genau diese Gesellschaft die Norm?

Darüber sollte sich einmal jeder Gedanken mache, ob wir das wirklich begrüssen und blind unterschreiben würden.

Man kann es eigentlich kaum glauben, dass solch ein Mensch Teil unserer Gesellschaft ist und zudem noch weiter agieren darf.

Wenige Zeit später haben sich sogar noch weitere Opfer gemeldet, doch deren Aussagen stufte man als belanglos ein und sah keine unmittelbaren Zusammenhänge.

Man wollte gar nicht den wahren Täter finden. Es war zu lange her und Herr Heinzer durfte weiterarbeiten. Und niemand unternahm etwas.

Für die Tochter der Familie war es ein Abschluss, auch wenn er nicht verurteilt worden ist. Es sprachen so viele Belege dafür, dass Herr Heinzer eindeutig der Täter war, aber die Gesellschaft hat ihn nicht als solchen charakterisiert und die Justiz verschleiert lieber, dass ein Perverser im eigenen Schulsystem angestellt ist.

Und wenn es dem Sozialarbeiter zu heiss wird, dann zieht er einfach wieder um, so wie er es in der Vergangenheit schon mehrfach getan hat.

Immer mehr Menschen fragen sich dann berechtigt: „Wo ist hier die Gerechtigkeit?"

Für ein Verkehrsdelikt bekommt ein Täter eine wesentlich härtere Strafe, als ein Vergewaltiger. In welcher Gesellschaftswelt leben wir eigentlich?

Wenn ich im Strassenverkehr das Rotlicht überfahre, ist es schlimmer und tiefgreifender, als jemand, der ein Mädchen vergewaltigt und dabei nur eine Bewährungsstrafe von zwei Jahren erhält.

Ist das gerecht? Sind das die Normen der Gerechtigkeit, von der unsere Gesellschaft so schwärmt?

Und was ist mit den Opfern? Wer kümmert sich um diejenigen, die unter einem Herrn Heinzer leiden mussten und vielleicht aufgrund dessen niemals eine normale Beziehung führen können? Interessiert sich jemand aus der Gesellschaft für diese Menschen?

In solchen Momenten frage ich mich ernsthaft, ob Immanuel Kant bei seiner These auch das berücksichtigt hat, als er behauptete, dass der Mensch von Natur aus gut sei.

Kapitel 9 – Halbgötter in Weiss

Es scheint schon Menschen zu geben, die förmlich vom Glück des Lebens nicht unbedingt angezogen werden, sondern vielmehr das Pech gepachtet haben. So lernte ich vor einigen Jahren einen Mann im mittleren Alter kennen, der sich nun gar nicht um das scherte, was die Gesellschaft so als Norm ansah.

Er war der typische Rebell, der sein Leben einfach nur lebt, wie es ihm Spass macht. In bestimmtem Masse empfand ich seine Lebenseinstellung sehr speziell.

Ein bisschen erinnerte er mich an James Dean der Neuzeit. Direkte Kommunikation gehörte sicherlich zu seinen Stärken und er nahm auch kein Blatt vor den Mund, wenn er seine Meinung ausdrücken wollte.

Teilweise kam er auch sehr impulsiv rüber und dennoch war er einer von diesen Menschen, die sich vor einen stellten, wenn man angegriffen wird.

Eine harmonische Kindheit hatte er jetzt überhaupt nicht, aber er sagte immer, dass ihn das nicht sonderlich beeinflusst hätte. Im Nachhinein denke ich schon, dass wir zu einem bestimmten Teil von der erlebten Kindheit zehren und uns auch entsprechend entwickeln.

Als ich ihn kennenlernte stand er mit beiden Beinen fest im Leben, war seit über 25 Jahren glücklich verheiratet. Er hatte einen festen Arbeitsplatz und wohnte mit seiner Familie in einem durchschnittlich grossen Bungalow in ländlicher Gegend.

Er war stets sehr sozial eingestellt und aus diesem Grund war er auch in einem sog. „Durchgangswohnheim" als Betreuer beschäftigt. Eine Arbeit, die alles andere als einfach ist.

Drogenabhängige, Obdachlose, Alkoholiker und andere Menschen in schweren Lebenslagen gehörten zu seinem unmittelbaren Tätigkeitsbereich, aber er hatte dieses Faible mit den Leuten umzugehen.

Auch wenn es mal härter zur Sache ging und diese Menschen ihre Kontrolle verloren, war er derjenige, der stets einen kühlen Kopf bewahrte und wieder Ruhe ins Wohnheim brachte.

Ich hatte ihn einige Male dort besucht und konnte mir direkt vor Ort ein Bild von diesem Arbeitsplatz machen und muss im Nachhinein sagen, dass man für solch einen Job wirklich geboren sein muss.

Er hat meinen grössten Respekt, denn das ist eine überhaupt nicht leichte Aufgabe, aber er ging in diesem Bereich völlig auf.

„Das ist meine Welt. Da gehe ich voll auf." sagte er mal und das konnte man auch sehen. Er fühlte sich dort gut aufgehoben und war durchaus, trotz seiner manchmal leicht impulsiven und direkten Art, sehr erfolgreich.

Jeder unserer Gesellschaft sollte einmal einen oder zwei Tage in solch einer Einrichtung verbringen und selbst erleben, welche psychische Belastung solch ein Arbeitsumfeld mit sich bringt. Ich bin ehrlich, ich könnte solch eine Tätigkeit direkt an der Front nicht lange machen. In bestimmter Weise fand ich seine Art, wie er mit den Bewohnern umging, höchst professionell.

Doch klagte er immer wieder über Schmerzen im Hals und dass er keine Luft bekommen würde. Das belastete ihn natürlich sehr, sodass er den Job nicht mehr lange machen konnte. Es fiel ihm sichtlich schwer, zu akzeptieren, dass er aufgrund der Symptome dort nicht mehr arbeiten kann. Das Schlimmste daran war, dass er von Arzt zu Arzt rannte und keiner sein Klagen wirklich ernst nahm. Vermutlich wusste keiner der Ärzte, woher diese Schmerzen kamen. Letztlich ging er immer wieder zu seinem Hausarzt, der sich mit ihm in den vergangenen Jahren intensiv beschäftigte. Ihm ging es mit der Zeit immer schlechter und konnte sich nur noch eingeschränkt bewegen.

Von dem Mann, den ich vor einigen Jahren kennenlernte, war nicht mehr viel zu sehen. Er musste sich oft hinlegen, weil er immer öfter die Kontrolle über seinen Körper verlor und noch nicht einmal ohne fremde Hilfe das WC aufsuchen konnte. Durch den Verlust des Arbeitsplatzes konnten viele Rechnungen nicht bezahlt werden und sein Leben schien von einem Moment zum anderen aus den Fugen zu geraten. Anfangs erhielt er ein Medikament und gegen später hatte er bald eine fast vollständige Apotheke daheim. Jedes Präparat sollte dabei die Nebenwirkungen des vorangegangenen ausgleichen. Als ich ihn einmal besuchte, erblickte ich in der Küche eine Vielzahl an Arznei und fragte ihn: „Musst Du die alle nehmen?" und er meinte, dass die alle wichtig seien, wobei die Hälfte davon extreme Nebenwirkungen mit sich brächten. Aber dafür hat er wiederum andere Medikamente, die genau das verhindern sollten. Ich muss sagen, ich war sichtlich geschockt, als ich die Masse sah und mir vorstellte, dass das alles in den Körper gepumpt wird.

Just in diesem Moment machte sich bei mir das Gefühl breit, dass ich heilfroh war, nicht in seiner Situation zu sein.

Inzwischen stellten sich noch andere Symptome ein, wie Diabetes. Es folgten etliche Beratungstermine bei einer Ernährungsberaterin, die erst einmal aufzeigte, worauf es beim Einkaufen von Lebensmitteln ankam.

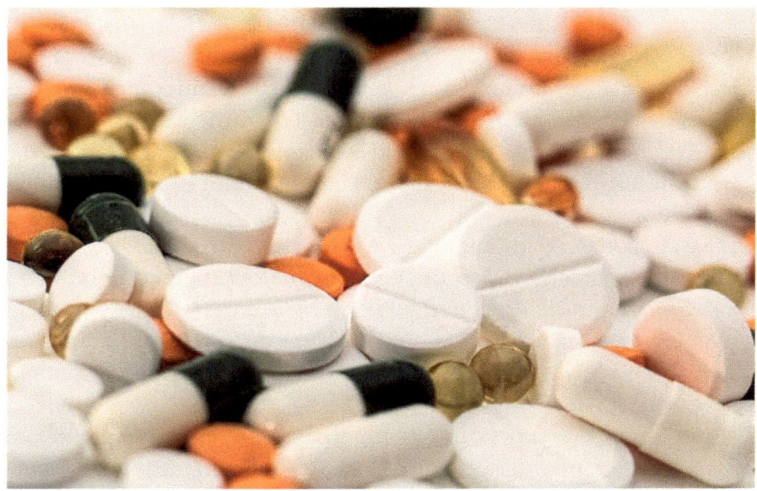

Das ist wirklich eine Wissenschaft für sich und mir wurde erst einmal bewusst, wieviel Zucker eigentlich in ganz alltäglichen Dingen integriert ist.

Ich kann mich erinnern, dass ich ihm zu seinem Geburtstag einen Geschenkkorb zusammenstellte, in dem nur Produkte sich befanden, die er ohne Probleme essen konnte.

Für den Einkauf dieser Lebensmittel brauchte ich fast zwei Stunden, weil ich jedes einzelne Produkt in die Hand nehmen musste und bei den Werten nachsehen musste, ob nicht zu viel Zucker darin enthalten war.

Zu diesem Zeitpunkt habe ich mich das erste Mal mit der Thematik beschäftigt. Ich kannte das lediglich in Form von Unterzuckerung beim Bergsteigen. Aber das hier war eine ganz andere Nummer. Auch der Versuch einen speziellen Diabetikerkuchen zu backen, ging meines Erachtens schwer in die Hose. Wirklich essen konnte man ihn nicht.

Über die Jahre kamen immer mehr Nebenwirkungen zum Vorschein. Von geschwollenen Füssen bis hin zu einem überdurchschnittlich dicken Bauch hatte er wohl alles durchlebt. Und niemand vermag erklären zu können, woher all diese ganzen Begleiterscheinungen kamen.

Immer wieder ging er zum Hausarzt und hoffte stets auf eine Besserung oder zumindest auf eine Diagnose.

Doch diese blieb leider aus. Stattdessen wurden immer wieder neue Medikamente eingesetzt, doch eine erhoffte Änderung des Gesundheitszustands stellte sich nicht ein. Es wurde immer belastender für ihn selbst, aber auch für seine Familie.

Denn die Probleme wurden nicht weniger, sondern nahmen stetig zu.

Inzwischen hat er immer mehr an Muskulatur abgebaut, sodass ihm selbst einfache Bewegungen sehr viel Schmerzen bereiteten. Von aussen konnte er keinerlei Hilfe erwarten.

Die Gesellschaft musterte ihn, als ob er von einem anderen Stern wäre. Er wurde als „Penner" betitelt und er solle sich doch wenigstens etwas anpassen.

Da fragt man sich schon, in was für einer Art Welt wir heute leben. Einfach beschämend, zumal man die Geschichte dahinter überhaupt nicht kennt oder erlebt hat.

Eines Tages ging er wieder einmal zu seinem Hausarzt und teilte diesem sein fortgeschrittenes Leid mit. Er benötigte ein Medikament, das scheinbar nicht so ohne Weiteres verschrieben werden durfte, welches er aber die Wochen zuvor regelmässig von dem Hausarzt erhielt.

Bereits an der Rezeption wurde er forsch abgewiesen und es wurde ihm klar vermittelt, dass er doch bitte in einem anderen Aufzug erscheinen solle. Der Hausarzt kam hinzu und es kam zu einer heftigen Auseinandersetzung, da er ihm dieses Medikament nicht mehr verabreichen wollte.

Die Schmerzen seien aber dermassen unerträglich geworden, sodass er dem Hausarzt mitteilte, dass er unbedingt diese Arznei benötigen würde und bisher sei es auch kein Problem gewesen, es zu erhalten.

Warum der Arzt nun das Medikament von heute auf morgen einstellte, ist nicht bekannt. Durch die daraus entstandene heftigste Diskussion teilte der Hausarzt ihm ganz klar und unmissverständlich mit, dass er seine Praxis verlassen soll und sich einen neuen Arzt suchen solle. Er weigerte sich vehement, obwohl völlig offensichtlich war, dass es ihm miserabel ging, ihn auch nur anzuschauen, geschweige denn zu behandeln.

Selbst seiner Frau, sowie der Familie untersagte der Arzt jede Hilfe und sie mögen sich doch bitte auch einen neuen Hausarzt suchen.

Eine schon sehr verstörende Vorstellung, dass ein Arzt einem Patienten die Untersuchung verweigert, ohne einen triftigen Grund zu nennen. Die Krone wurde dem ganzen noch aufgesetzt, dass alle, die mit seinem Patienten zu tun haben, ebenso einen neuen Hausarzt brauchten.

Und niemand wusste genau, warum dieser Arzt so handelte.

Unverrichteter Dinge verliess er nun die Arztpraxis wieder. Aber was sollte er nun auch tun?

Durch das Fehlen des Medikaments geriet sein gesamter körperlicher Haushalt ins Wanken und es ging ihm zunehmend schlechter.

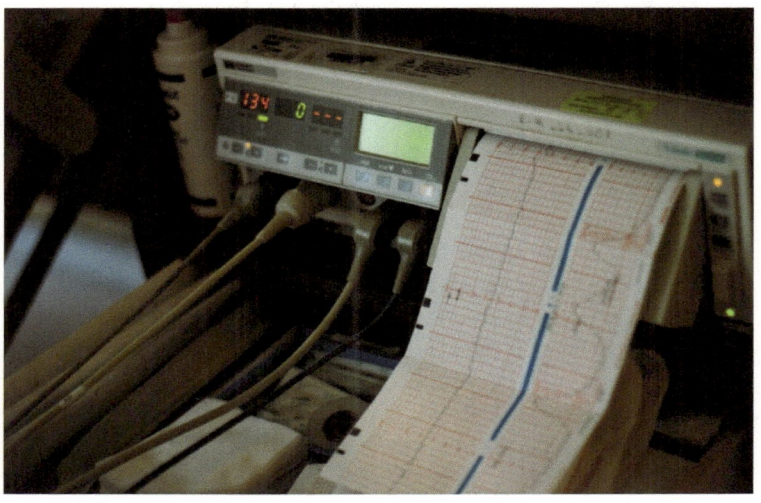

Irgendwann waren die Schmerzen bei ihm so gross, dass er mehrmals notfallmässig ins Spital eingeliefert werden musste.

Dort stand er mehrere Tage unter Beobachtung und die Ärzte dort, versuchten ihn wieder aufzubauen mittels Infusionen.

Hier kam es dann auch zu verschiedenen Gesprächen zwischen ihm und dem Professor, der natürlich die Hintergründe erfahren wollte.

Er erzählte von den jeweils verabreichten Medikamenten, dem Rausschmiss des Hausarztes und den Schmerzen, die er durchlebte. Ebenso ging er natürlich auf die Einschränkungen ein, die daraus resultierten, denn einen Arbeitsplatz jemals wieder zu erhalten, sei wohl mehr Wunsch.

Dieser tägliche Kampf mit Schmerzen würden ihn komplett zerstören und einen Hausarzt hat er und seine Familie inzwischen auch nicht mehr.

Es war ein sehr langes Gespräch, doch der Professor nahm sich diese Zeit wohl gerne. Zumindest hatte es den Anschein und ich denke, es war ihm auch wichtig.

Nach etlichen Nachuntersuchungen wurde er schliesslich wieder entlassen, mit wieder neuen Medikamenten, die seinen Kreislauf stabilisieren sollten. Wenige Tage nach der Entlassung erhielt er die Analyse und den Abschlussbericht des Professors.

In diesem Abschlussbericht war klar zu lesen, dass dieses besagte Medikament eine sehr tragende Rolle spielte, was den derzeitigen Gesundheitszustand meines inzwischen gewordenen Freundes anging.

Es ging daraus hervor, dass der damalige Hausarzt diese Arznei in einem zu hohen Mass dosierte und dadurch extreme Nebenwirkungen auftraten.

Doch es war nicht nur die Masse, sondern auch die Zeitspanne, in welcher er diese ihm verschrieb.

Lt. Professor hätte eine weitere Einnahme zum Tode führen können. Als wir das gelesen haben, wussten wir im ersten Moment nicht, wie man auf so etwas reagieren sollte.

Die Hauptproblematik bestand darin, dass durch das plötzliche Absetzen des Medikaments, der Körper sich nicht schnell genug auf die Änderungen einstellen konnte.

Sein Körper gleicht nun eher einem Wrack als einem funktionierenden Organismus. Die Schmerzen sind etwas zurückgegangen, dafür sind immer wieder neue Begleiterscheinungen aufgetreten, aus denen niemand wirklich schlau geworden ist.

Da er von Natur aus, ein Kämpfer ist, liess er das natürlich nicht auf sich sitzen. Sein Leben wurde bestimmt von Medikamenten und Arztbesuchen. Völlig gegensätzlich, betrachtet man einmal sein Wesen, als er noch arbeitete vor ca. 2 Jahren.

...Für ihn war klar, dass der Bericht eindeutig belegt, dass der damalige Hausarzt ihn falsch behandelt hat und hier und da auch eine Fehldiagnose gestellt hat.

Aufgrund dieses Berichts entschied er sich in die Öffentlichkeit zu gehen und den Fall einem Anwalt zu übergeben.

Dieser nahm die Sache sehr ernst und leitete ein Verfahren gegen den Hausarzt ein.

Unzählige Dokumentationen und Berichte wurden gewälzt. Es gab Akteneinsichten, Patientenakten und auch die Aussagen des Hausarztes wurden auseinandergenommen.

Allerdings muss erst einmal ein Urteil gefällt werden, nachdem die Ärztekammer ihre Beurteilung abgegeben hatte. Und je nachdem, bestünde dann die Option zusätzlich eine Klage auf Schadensersatz bei Gericht einzureichen.

Er kalkulierte den gesamten Lohnausfall, den er erlitt, resultierend aus der Fehlbehandlung des Hausarztes.

Doch so einfach, wie er sich das vorstellte, gestaltete sich das Verfahren leider nicht, denn es kommt erst dann zu einer Verurteilung, wenn hundertprozentig nachgewiesen kann, dass der Arzt Schuld an der Misere hat.

Letztlich entschied das Gericht, dass die Schuld nicht klar nachgewiesen werden konnte. Es hiess, dass es durchaus eine falsche Behandlung war, jedoch der Arzt nicht allein schuld an dem Gesundheitszustand von ihm war und somit verantwortlich gemacht werden könnte.

Zu 98% wäre es sicherlich auf die Fehlbehandlung zu schieben, aber eben nicht zu 100%. Somit wurde der Hausarzt freigesprochen, womit es auch keine Schadensersatzklage gab.

...Ich recherchierte nach dem Urteil in vielen verschiedenen Foren und es scheint kein Einzelfall gewesen zu sein.

Eine Klage gegen einen Arzt ist fast aussichtslos, denn in gewisser Weise scheinen Ärzte unantastbar.

Der Gesundheitszustand von meinem Freund ist eigentlich völlig offensichtlich und kann gar nicht falsch interpretiert werden. Er ist

heute ein körperliches Wrack, dass noch nicht einmal ohne Probleme den Müll heraustragen kann.
Mit Anfang 50 bewegt er sich und agiert wie ein Achtzigjähriger. Man kann es gar nicht übersehen, wie er gesundheitlich dastand. Nichts ist mehr von dem übrig, was vor 3 Jahren noch tagtäglich sichtbar war.

Der Hausarzt durfte weiter behandeln und seine Zulassung behalten, denn er wurde von der Justiz nicht für schuldig befunden. Und sein Patient kämpft derweil um seinen Gesundheitszustand und schleift sich von einem Tag zum anderen.
Er distanzierte sich immer mehr von der Gesellschaft, ging kaum noch vor die Tür und war ein gebrochener Mann. Eine Situation, die kaum zum Ansehen war. Aber er konnte es nicht verändern.
Schliesslich versuchte er zumindest eine soziale Hilfe und Unterstützung bei der entsprechenden Behörde zu bekommen.
Sämtliche Unterlagen und Akten wurden eingereicht und es wurde ihm unmissverständlich mitgeteilt, dass er seinen Krankheitszustand nicht glaubhaft darlegen konnte.
Dies sei auch der Grund, warum er keine Unterstützung bekommen würde.

Wie schlecht und miserabel muss es einem Menschen denn gehen, damit er vom Staat Unterstützung erhält? Flüchtlinge erhalten sofort Hilfe und finanzielle Leistungen und ein Mann, der jahrelang mit harter Arbeit in eine Kasse einbezahlt hat, bekommt keinerlei Finanzspritzen, weil er seinen Gesundheitszustand nicht glaubhaft darlegen konnte.

Er hatte mehr Leidensspuren an seinem Körper, als man sich je vorstellen konnte.

Eine völlig unmissverständliche Antwort seitens der Behörde, doch gegen solch eine Entscheidung vorzugehen, ist wohl kaum sinnvoll oder erfolgsversprechend.

Inzwischen hat sich der Gesundheitszustand zwar leicht gebessert, jedoch schwindet die Chance auf einen geregelten Arbeitsplatz. Denn länger als zwei Stunden kann er nicht stehen, geschweige denn einer Tätigkeit nachzugehen.

Es gibt keinen Arbeitsplatz, an dem er auch nur eine kleine Chance hätte, zumal er in einem Alter ist, indem es ungeheuer schwierig ist, eine Anstellung zu bekommen.

Das ist schon für einen gesunden Menschen in dem Alter fast unmöglich, wie soll es erst für einen so stark angeschlagenen Mann sein?

Von diesem Wunschgedanken kann er sich verabschieden, denn das wird nicht klappen.

Und die Gesellschaft? Sie reagiert so, wie man sich das schon vorstellen kann. Mit Vorurteilen, Beschuldigungen und Unverständnis für ihn und seine Situation.

Auch hier wird nicht nachgefragt, wie es zu einer Situation kommen konnte, sondern er wird einfach in eine Schublade gesteckt und verurteilt.

Dies ist ein Umstand, den ich nun schon über Jahre mehrfach erlebt habe und er bestätigt lediglich das unmenschliche Denken unserer Gesellschaft.

Durch die ganzen Vorfälle und Erlebnisse meines Freundes, war es an der Zeit für eine räumliche Veränderung. Ich denke, dass dies ein wichtiger Schritt war, denn hier wurde er nicht mehr glücklich. Ein richtiger Zufall war es, dass er mit seiner Familie eine neue Bleibe gefunden hat, die zudem auch noch bezahlbar war.

Nun musste er sich einen neuen Hausarzt suchen und ist auch fündig geworden. Dieser Arzt, ein älterer Mediziner, knapp um die sechzig, erkannte relativ schnell, dass hier sein ganzes Können und die langjährige Erfahrung gefordert war.

Dieser Arzt untersuchte ihn mehrfach und führte viele Analysen und Tests durch.
Lange Zeit brachten jegliche Untersuchungen keinerlei brauchbare Ergebnisse, doch der Arzt gab nicht auf.
Ihn reizt es wohl auch persönlich, herauszufinden, worin die Ursache liegt. Er betonte aber stets, dass er bis jetzt noch nicht klar den Grund herausgefunden hat.
Natürlich gehen wir zu einem Arzt, weil er den menschlichen Körper besser kennt, als sonst jemand.
Doch auch Ärzte können nicht alles wissen. Aber viele wollen nicht zugeben wollen, dass sie am Ende ihres Lateins angelangt sind.

Eine Alternative wäre, einfach mal zuzugeben, dass man nicht weiss, wo das Problem liegt. Das ist keine Form von Schwäche, sondern eine unheimliche Stärke.

Es bringt dem Patienten im Endeffekt nichts, wenn es zu einer falschen Medikation führt, nur weil der Arzt glaubt, richtig zu liegen.
Der Leidtragende ist und bleibt immer der Patient.

Durch den Umzug konnte mein Freund mit seiner Familie in einer idyllischen Landschaft leben und der neue Arzt bemühte sich weiterhin, eine Lösung zu finden und hat zeitweise sogar auf sein Honorar verzichtet, da er gesehen hat, dass Geld nicht gerade im Überfluss vorlag.

Dies war eine durchaus soziale Geste, die man nicht an jeder Strassenecke findet.
Vielleicht wäre es eine positive Entwicklung, wenn wir uns um solch ein Handeln einmal einige Gedanken machen könnten. Wir sind glücklicherweise nicht in dieser Lage, jeden Tag Tausende Medikamente einnehmen zu müssen.

In solch einem Moment bin ich wirklich sehr froh, gesund zu sein und nur ganz selten eine Arztpraxis betreten zu müssen.
Manche Menschen haben dieses Glück nicht und es liegt nicht in unserem Charakter, ob wir nun krank sind oder eben nicht.

Aber wir können die Menschen unterstützen und ihnen die Hilfe entgegenbringen, die uns möglich ist. Natürlich sind auch unsere Ressourcen begrenzt, aber es ist immer positiver diesen Menschen unterstützend entgegenzuwirken, als auf sie herabzublicken und zu meiden.

Denn damit machen wir uns nicht zu besseren Menschen und den Leidtragenden bringt es nur noch mehr negative Gedanken und Lebenseinstellungen.

Auch Sie wissen nicht sicher, ob Sie mit 50 oder 60 immer noch den gleichen Gesundheitszustand haben, den Sie heute haben. Und wenn es dann mal Sie treffen sollte, dann sind auch Sie froh und glücklich darüber, wenn es jemanden gibt, der sich Ihrer annimmt und für Sie da ist.

Soziales Engagement ist etwas, dass leider viel zu wenig in unserer Gesellschaft existiert.

Und die beste Zeit, etwas an sich selbst zu verändern, ist genau jetzt.

Kapitel 10 – Gesellschaftswandel beginnt jetzt

N un haben Sie einen Einblick in die tatsächliche Welt unserer Gesellschaft erhalten und bitte berücksichtigen dabei, dass diese Erzählungen auf wahren Begebenheiten basieren.

Des Weiteren eröffne ich Ihnen allein aus meiner Sichtweise die Erlebnisse und dort draußen mag es sicherlich noch sehr viele Menschen geben, die ähnliche Erfahrungen mit der Reaktion unserer Gesellschaft gemacht haben.

Also auch hier kein Einzelfall, sondern lediglich einer von vielen, was wiederum zum Nachdenken anregen sollte.

Denn wenn wir einmal einen Blick auf all die Geschehnisse riskieren, dann darf man sich auch gerne an die eigene Nase fassen.

Allein nur die Höhe der Scheidungsrate, die wir in der 2. Hälfte des 20. Jahrhunderts beobachten können, ist doch schon sehr alarmierend. Betrachten wir uns nur allein einmal die Rate in der ersten Hälfte des gleichen Jahrhunderts.

Dort hatten wir wesentlich weniger Trennungen und Eheauflösungen. Oft sind wir heute nicht mehr so belastbar und kämpfen

möchte man auch nicht mehr um seinen Partner, denn es ist ja oft einfacher, die Reissleine zu ziehen.
Und wenn wir einmal genauer hinsehen, dann fallen oftmals immer die gleichen Gründe.
Mangelhafte Kommunikation und Missverständnisse des Partners führen oft zum partnerschaftlichen Aus.
Aber wir haben uns alle im Laufe der Zeit zwar weiterentwickelt, doch es steht eher die Frage im Raum, ob wir uns in positiver Weise verändert haben oder eben entgegengesetzt.
In diesem Kapitel geht es primär darum, dass wir, die ja auch ein Teil dieser Gesellschaft sind, uns ruhig einmal die Wahrheit vor Augen führen sollten, wie es denn mit unserer Gesellschaft aktuell aussieht und ob wir gegebenenfalls daran auch Interesse hegen, etwas zu verändern.

Schon ertönen die ersten Stimmen, die sagen: „Was bitte soll ich als Einzelner ändern? Das bringt doch rein gar nichts."
Unter diesem Gedankengang werden wir es nie gemeinsam schaffen, positive Meilensteine zu setzen. Denn in der Weltgeschichte waren es markante Persönlichkeiten, die das Zeitgeschehen positiv entwickelt haben, weil sie aktiv etwas verändern wollten.
Alexander der Grosse hat sich auch nicht beklagt, dass er alleine nichts erreichen könnte.
Heute herrschen soviel Rassismus, Gewalt, Verbrechen, Intrigen, Misshandlungen und Vorurteile anderer Menschen gegenüber, dass wir damit die Strassen pflastern könnten.
Wie oft greifen Menschen ein, um anderen zu helfen? Jeder Mensch denkt nur an sich selbst und lebt durch seinen Tag, ohne dabei nach links oder rechts zu blicken.
Wie oft verurteilen wir andere Menschen? Natürlich völlig unbewusst und uns wird das erst sehr viel später klar.
Beim täglichen Einkaufen, Arbeiten Gehen, im Schwimmbad oder im Café. Unzählige Situationen, in denen wir andere Menschen mustern, uns unsere eigenen Gedanken machen, vielleicht hin und wieder auch mal über diese Menschen scherzen.
So oft erleben wir diese Situation und fällen insgeheim ein Urteil, obwohl keinerlei Ahnung über diese Personen haben. Wir kennen sie noch nicht einmal und wissen nicht, welche Geschichte hinter dem Gesicht steckt.

Wir urteilen einfach, weil wir nur eben die Spitze des Eisbergs betrachten und glauben, uns ein Urteil bilden zu können.

„Kommunikation ist das halbe Leben"

Bereits etliche Jahre zuvor haben sich Menschen mit dem Thema Kommunikation und Kommunikationstechnik auseinandergesetzt.

Wir kommunizieren schon seit wir überhaupt existieren. Und zur Kommunikation zählen nicht nur die gesprochenen Worte, sondern auch Mimik und Gestik. Allein durch ganz kleine körpersprachliche Elemente können wir ein positives oder aber auch ein negatives Gespräch hervorrufen.

Beobachten Sie doch einmal, wie andere Menschen miteinander sprechen, welchen Tonfall sie verwenden und welche rhetorischen Elemente sie verwenden. Hinzu kommen emotionale Segmente, die ein Gespräch in eine ganz andere Richtung lenken können.

Sie fragen sich vielleicht jetzt: „Hmm…wie kommuniziere ich eigentlich?"

Durchaus eine berechtigte Frage, denn wir haben etliche Möglichkeiten mit unseren Mitmenschen zu kommunizieren, aber drücken wir immer das aus, was wir auch sagen wollen?

Vermutlich werden auch Sie von sich sagen können, dass es Ihnen auch schon einmal passiert ist, dass Ihr Gegenüber „etwas in den falschen Hals" bekommen hat.

Was bei einem geschäftlichen Gespräch ebenso gilt, wie bei einer privaten oder auch partnerschaftlichen Unterhaltung, ist die Art und Weise, wie wir kommunizieren.

Hierzu zählen so viele Elemente und eben auch die dazu passende Körpersprache. Und was in kleinem Kreis gilt, behält auch in grossem Stil seine Bedeutung.

Wie soll denn eine Gesellschaft miteinander harmonieren, wenn wir als Einzelne nicht einmal in der Lage sind, mit dem eigenen Gegenüber klar zu kommunizieren?

Oft reagieren wir komplett egoistisch und vergessen die Menschen um uns herum. Andererseits gibt es aber auch Personen, die sich völlig gegensätzlich verhalten und alles für ihren Partner machen würden und dabei sich selbst vergessen.

Auch das ist nicht die optimale Einstellung. Innerhalb dieses Kapitels werden Sie einen kleinen Leitfaden entdecken, wie auch Sie Ihr Leben positiv lenken und steuern können. Und dabei nicht egoistisch wirken und andererseits sehr gut mit Menschen in Ihrer Umgebung klarkommen werden.

Kein Mensch ist perfekt und da wir so viele verschiedene Charakter auf diesem Planeten haben, ist es in der Tat nicht einfach, dass wir uns mit jedem Menschen verstehen. Aber ein Anfang wäre es, wenn wir andere Menschen, nur weil sie optisch nicht ganz unseren Vorstellungen entsprechen, in eine Schublade packen und sie verurteilen.

Stellen Sie sich stets die Frage, inwieweit Sie die Person kennen, um sich ein Urteil erlauben zu können.

Würden wir Menschen uns mehr mit Kommunikation auseinandersetzen, so würden wir feststellen, dass in diesem Bereich noch sehr viel Spielraum und Verbesserung notwendig ist.

Nur wenn ich schlechte Erfahrungen mit blonden Frauen gemacht habe, muss mein Gesprächspartner, der vielleicht zufällig gerade blond ist, kein schlechter Mensch sein. Warum sollte ich ihn also verurteilen und ein Résumée ziehen, das vielleicht gar nicht gerecht ist? Jeder Mensch ist ein völlig individuelles Wesen und verdient auch eine ganz individuelle Behandlung.

Wenn wir einmal gelernt haben, jeden einzelnen Menschen völlig unvorbelastet zu behandeln, dann würden wir uns das Leben viel einfacher gestalten.

Durch genau diese Missachtung entstand Ausländerfeindlichkeit und Hass.

Wir machen uns oft das Leben selbst zu schwer, stattdessen auf den Gegenüber einmal einzugehen, sich in seine Rolle zu versetzen, ihn wenigstens versuchen zu verstehen.

Jede Gesellschaft ist nur so stark wie ihre einzelnen Mitglieder. Und das gilt auch für unsere.

Emotionen können vieles zerstören und in eine völlig neue Richtung lenken, denn es sind die Emotionen, die uns in manchen Situationen zum Explodieren bringen können, die Wut in unser Gesicht zaubert, aber auch Tränen und Verzweiflung.

Durch genau diese Emotionen unterscheiden wir uns vermutlich von Pflanzen oder einem Stein.

In unserer Entwicklung haben wir gelernt, damit umzugehen, doch oft ist es sehr schwierig alles unter einen Hut zu bringen.

Oft verbinden wir Orte, Erlebnisse und Erfahrungen mit einem bestimmten Gefühl.
Wir assoziieren gewissermassen ständig. Auch Düfte und Farben haben für uns Menschen eine ungeheure Anziehungskraft, mit der wir ein bestimmtes Erlebnis verknüpfen.
Anfangs wurde das Beispiel erwähnt mit den Menschen im Bus oder der U-Bahn. Die Gesichter, die man da erblickt, zeigen entweder eine völlig kalte Regung oder eine fast traurige, verzweifelte Sichtweise.

Nur wer positiv denkt, kann positiv handeln

Verliebte Paare schreiben sich oft Kurznachrichten, die oftmals so beginnen: „Schatz, ich wünsche Dir einen ganz tollen Start in den heutigen Tag. Ich liebe Dich!"

Es ist alles gesagt, was gesagt werden muss. Eine durchweg positive Formulierung, die dem Gegenüber eine starke Verbundenheit signalisiert. Wenn Sie so etwas lesen, freuen Sie sich nicht darüber?

Wenn wir jahrelang mit einem Partner zusammen sind, dann vergessen wir oft, was wir an ihm haben. Erst wenn er nicht mehr da ist, wird das Fehlen einem schmerzhaft bewusst.

Wir können in unserer Gesellschaft viele Dinge bewegen, verändern und positiv dazu beisteuern, wenn wir nur einige Dinge an uns selbst verändern.
Jeder Mensch ist wie ein Zahnrad in einem grossen Motor. Ändert ein Zahnrad die Richtung, hat das durchaus Auswirkung auf den gesamten Motor.
Von wegen, man könne alleine nichts bewirken.
Jedes Mitglied unserer Gesellschaft ist in der Lage etwas zu bewirken und dann wird es vielleicht auch Realität, dass ein Sexualstraftäter auch entsprechend hart bestraft wird.
Wehrt sich niemand dagegen, wird das auch in den nächsten Jahren solche Urteile geben.

Positives Denken und eine entsprechende Lebenseinstellung ist nicht unbedingt die Stärke von Jedermann. Oft beschäftigen wir uns mit Problemen des Alltags, die wir vielleicht noch nicht einmal selbst lösen können.
Viele Menschen stehen morgens auf und sind dann schon schlecht gelaunt.
Nur die Wenigsten erfreuen sich daran, dass sie schön geschlafen haben, einen tollen Tag geniessen werden, etwas bewirken können.
Wir sind eine Generation, die gern negativ denkt und wir können nicht erwarten, wenn wir ständig uns vorsagen, was schlecht ist oder nicht so gut läuft, dass das Ergebnis dann positiv ausfällt.

Haben wir einmal verstanden, dass wir nur durch eine positive Einstellung auch positive Taten vollbringen können, dann wären wir schon einmal einen grossen Schritt weiter.

Erst wenn wir gelernt haben, dass das Leben durchaus schön sein kann, dann starten wir ganz anders in den Tag und die Gesellschaft nimmt uns auch ganz anders wahr.

Wie oft haben Sie Ihrem Partner gesagt, dass er heute toll aussieht, gut riecht oder einfach nur dafür bedankt, dass er da ist?

Viele denken nun, dass das völlig unnötig wäre, doch jede Aufmerksamkeit, jedes Wort, jede Gestik und Mimik ist es wert. Probeiren Sie es doch einmal aus und Sie werden feststellen, wie positiv das beim Gegenüber ankommen wird.

Auf der nun folgenden Seite erhalten Sie einen kleinen Leitfaden, wie Sie Ihr persönliches Leben angenehmer gestalten können und zeitgleich auch das Wesen unserer heutigen Gesellschaft beeinflussen können, alleine nur durch kleine Regeln.

Kapitel 11 – Gesellschaftlicher Leitfaden

Hier erhalten Sie als Leser einen für Sie zusammengestellten Leitfaden, der Ihnen in manchen Situationen sicherlich gewisse Vorteile bringt und Sie Ihr Leben in unserer Gesellschaft positiv beeinflusst.

Dieser Leitfaden basiert auf eigenen Erfahrungswerten und gerne gebe ich diesen weiter, damit auch Sie Ihr menschliches Dasein so angenehm wie nur möglich gestalten können.

I.   **Selbst wertschätzen**
     Versuchen Sie sich selbst so zu akzeptieren, wie Sie sind. Wie wollen Sie nach aussen wertgeschätzt werden, wenn Sie von sich selbst nicht überzeugt sind

II. **Sondieren Sie Probleme**
     Kategorisieren Sie Probleme in Prio 1 und Prio 2
     Prio 1 sind Probleme, die Sie selbst lösen können und Prio 2 sind die Probleme, welche Sie nicht beeinflussen können. Konzentrieren Sie sich auf Prio 1.

III. **Positive Kommunikation**
Versuchen Sie Wünsche, Kritiken stets positiv zu formulieren, nicht negativ. Also, anstatt: „Ich hasse das, wenn Du dies und das machst!" lieber so formulieren: „Würdest Du dies und das machen, das fände ich echt toll von Dir!"

IV. **Keine Verurteilungen**
Verurteilen Sie keinen Menschen, nur weil er etwas von jemandem hat, den Sie aus Ihrer Vergangenheit kennen. Geben Sie ihm die Chance hierzu.

V. **Passende Körpersprache**
Achten Sie darauf, dass Ihre Körpersprache zu dem passt, was Sie sagen.

VI. **Komplimente**
Geben Sie Ihrem Gegenüber durchaus ein Kompliment. Nicht ständig, aber immer mal wieder und schauen Sie ihm in die Augen.

VII. **Versetzen Sie sich in Personen**
Versuchen Sie sich in Ihren Gegenüber hinein zu versetzen und denken Sie, wie er denkt. Schaffen Sie eine gleiche Ebene.

VIII. **Hinterfragen Sie**
Hinter jedem Menschen steht eine Geschichte. Urteilen Sie nicht zu schnell, wenn Sie die Hintergründe nicht kennen.

IX. **Positive Begegnungen**
Treten Sie grundsätzlich Ihren Mitmenschen mit positivem Gesichtsausdruck entgegen und sprechen Sie in ruhigem Ton. Achten Sie dabei auf die Reaktion.

X. **Seien Sie freundlich und offen**
Nur wenn Sie sich öffnen und freundlich wirken, dann
bekommen Sie auch Freundlichkeit und Offenheit zurück.

XI. **Seien Sie sozial**
Denken Sie nicht immer primär an sich selbst, sondern
bieten Sie auch einmal Ihre Hilfe an.

XII. **Mitgefühl zeigen**
Entwickeln Sie Mitgefühl für Ihre Mitmenschen, auch
wenn Sie in der Vergangenheit ausgenutzt wurden. Kein
Mensch ist gleich in seinem Wesen.

XIII. **Lernen Sie sich über kleine Dinge zu freuen**
Jede Kleinigkeit vor Augen halten und sich darüber
freuen, damit Sie den Blick nicht für das Wesentliche
verlieren.

XIV. **Positiv handeln**
Versuchen Sie stets motivierend und positiv zu denken,
denn nur wenn Sie so denken, können Sie auch so handeln.

XV. **Fehler eingestehen**
Lernen Sie, Fehler zuzugeben. Aber nicht jeder Fehler ist
unweigerlich eine Schwäche.

XVI. **Opfern Sie sich nicht für andere**
Geben Sie Unterstützung, aber opfern Sie nicht Ihre
ganze Zeit für andere. Sie sollten sich selbst dabei nicht
vergessen.

XVII. **Lernen Sie Konzentration**
Lernen Sie das Gleichgewicht zwischen Körper und
Geist kennen. Sie werden viel entspannter durch Ihr Le-
ben gehen.

XVIII. **Unterscheiden Sie zwischen Optik und Charakter**
Beurteilen Sie einen Menschen nicht nur nach seinem optischen Erscheinungsbild, sondern achten Sie mehr auf seinen Charakter. Sie wissen nicht, warum er sich so kleidet.

XIX. **Betrachten Sie Tatsachen von allen Seiten**
Nicht das, was Sie sehen ist unbedingt offensichtlich. Betrachten Sie Dinge immer von allen möglichen Gesichtspunkten und achten Sie nicht nur auf die Eisbergspitze, sondern blicken Sie auch unter die Wasseroberfläche.

XX. **Zeigen Sie Interesse**
Ihr Gegenüber wird sich öffnen, wenn Sie Interesse an ihm zeigen. Wir haben oft Ekel oder ziehen uns zurück, weil wir vielleicht eine völlig falsche Vorstellung von dem haben, was wir sehen oder hören. Lassen Sie Erklärungen zu.

XXI. **Beharren Sie nicht stur auf Ihrer Meinung**
Räumen Sie ihrem Gegenüber die Chance ein, seine Meinung zu platzieren und versuchen Sie ihn nicht zu unterbrechen und werden Sie nicht laut, auch wenn Ihre Emotionen es so wollen. Bleiben Sie sachlich, ruhig und lassen Sie auch mal eine andere Sichtweise zu.

Danksagungen

An dieser Stelle möchte ich einigen Menschen danken, die mich bei diesem Buch unterstützt haben und solche, die mich inspiriert haben überhaupt dies alles auf Papier zu bringen.

Alle Ereignisse, die hier beschrieben wurden, entsprechen der Wahrheit und sind Zeugnis dafür, wie das Leben manchmal spielen kann.

An erster Stelle danke ich meiner Mutter *Waltraud Marie Luise Spengler*, die mich stets angetrieben hat, viel zu lesen, um meine Sprachfähigkeit zu verbessern.

Ebenso danke ich meiner buddhistischen Lehrerin *Man-Ling* für die harte, aber wertvolle Ausbildung im Buddhistischen Zentrum, die mir die Welt der Chan-Meditation, die Lehre des Qi Gong, den Weg zu Buddha, sowie verschiedene Kampfkünste, Teile der chinesischen Philosophie und Dharma eröffnete.

Danken möchte ich ebenso *Familie Jaberg* aus der Schweiz, die mir die Chance gaben, in der Schweiz Fuss zu fassen und in meiner schwersten Zeit mich unterstützten und mich massgeblich unterstützt haben, dieses Buch zu schreiben.

Ein Dank geht genauso an Frau *Nicole Bruderer*, die mir Unmengen an Zeit einräumte, damit ich dieses Buch vollenden konnte.